iPhone & iPad

iOS 7 für Einsteiger

iPhone & iPad
iOS 7 für Einsteiger

LiCo ist ein eingetragenes Warenzeichen und erscheint im Lingen Verlag, 50679 Köln

© 2013 by Helmut Lingen Verlag GmbH & Co. KG, Brügelmannstraße 3, 50679 Köln
© 2013 by Medien Service Fette GmbH, 32699 Extertal

Printed in EU
Alle Rechte vorbehalten.
www.lingenverlag.de
www.edv-wissen.de

Alle Informationen in diesem Buch sind vom Autor, Lektorat und Verlag sorgfältig erwogen und geprüft worden. Eine Haftung der Autoren, des Verlages, der von ihm beauftragten Fachlektoren und des Handels für etwaige Personen-, Sach- und Vermögensschäden, die sich aus dem Gebrauch dieses Buches und der darin erwähnten Apps und Webseiten ergeben, ist ausgeschlossen. Dieses Buch ist keine Originaldokumentation zu den beschriebenen Produkten. Die Nennung von Produkten dient lediglich Informationszwecken und stellt keinen Warenzeichenmissbrauch dar. Alle Personen- und Firmennamen in den Beispielen dieses Buches sind frei erfunden. Ähnlichkeiten mit realen Firmen oder Personen sind rein zufällig und nicht beabsichtigt. Autoren, Lektorat und Verlag distanzieren sich ausdrücklich von den Inhalten und Diensten, der in diesem Buch vorgestellten Apps und Webseiten und übernehmen keine Haftung für die Inhalte und Dienste, auf die in diesem Buch verwiesen wird.

Einleitung

Liebe Leser,

an dieser Stelle möchten wir uns dafür bedanken, dass Sie sich für dieses Buch entschieden haben.

Sie sind Besitzer eines iPhones oder iPads? Dann ist dieses Buch genau richtig für Sie! Sie erfahren Wissenswertes zur Einrichtung des Gerätes, zum Erstellen einer Apple-ID und warum man die überhaupt braucht. Darüber hinaus beantworten wir die Fragen: Wie funktioniert die Bedienung? Was kann ich mit dem Gerät machen, was sind eigentlich Apps, was kosten sie und wie bzw. wo bekomme ich sie her? Wir beziehen uns dabei auf iOS 7, die derzeit aktuelle Version des Betriebssystems für mobile Geräte von Apple, das auch auf vielen älteren Apple-Geräten eingesetzt werden kann. Natürlich sind auch Internet, E-Mail und Kommunikation im Allgemeinen ein Thema.

Ein großer Vorteil von Apple-Geräten ist deren Vielseitigkeit und durchgängige Bedienung. Es gibt Programme – die sogenannten Apps – für alle möglichen und unmöglichen Anwendungen. Dabei bleiben diese dem grundsätzlichen Bedienkonzept des Betriebssystems iOS 7 treu. Wir zeigen Ihnen die Bedienung anhand wichtiger, von Apple bei jedem Gerät vorinstallierten Apps. Haben Sie erst einmal verstanden, wie diese iOS-Apps grundsätzlich funktionieren, ist es leicht möglich, dieses Wissen auf andere Apps zu übertragen. Da wir Ihnen ausgewählte, wichtige Funktionen und Einstellungen von iPhone und iPad recht detailliert vorstellen, erhalten Sie ein fundiertes Grundverständnis der Möglichkeiten, die diese Geräte bieten.

Dadurch können Sie das im Buch Beschriebene leicht auf Ihrem eigenen Gerät umsetzen. Und zwar unabhängig davon, ob es sich um ein iPhone oder iPad handelt, das sich in der Bedienung – bis auf die Telefon-Funktion – nicht wesentlich vom iPhone unterscheidet.

Wir wünschen Ihnen viel Spaß beim Lesen dieses Buches und mit Ihrem Apple-Gerät.

Inhaltsverzeichnis

Grundlagen 11
Was sind iOS, iTunes und iCloud? 11
iOS bzw. iOS 7 11
iTunes 12
iCloud 13
iPhone oder iPad einrichten 15
Schalter, Anschlüsse und Bedienelemente 15
Standby-Schalter bzw. Ein-/Aus-Schalter 16
Home-Taste 17
Lautstärke-Tasten 18
Schalter "Klingeln/Aus" bzw. Seitenschalter 18
Anschlüsse 19
Ersteinrichtung eines iPhones oder iPads 20
Apple-ID separat am Computer erstellen 21
iTunes installieren 22
Apple-ID über iTunes erstellen 23
Erster Start: iPhone/iPad einrichten 26
iPhone 5s über iTunes einrichten 27
iPhone 5c ohne iTunes per WLAN einrichten 33
iPad mini als Zweitgerät per WLAN einrichten 40
Update auf iOS 7 durchführen 43
Sicherheit: die PIN der SIM-Karte 45
Grundsätzliche Bedienung 46
Die offensichtlichsten Bedienelemente 46
Die Home-Taste 47
Der Touchscreen 47
Die am häufigsten verwendeten Fingergesten: 48
Texteingabe per Tastatur 49
Text bearbeiten 50
Texteingabe per Sprache 51
Home Sweet Home – der Home-Bildschirm 52
Apps starten und beenden 53

Ordnung auf dem Home-Bildschirm: Apps verwalten und Icons anordnen — 55
Icons für Apps anordnen — 55
Seite zu Home-Bildschirm hinzufügen und entfernen — 56
Icons in Ordnern zusammenfassen — 57
Icons vom Home-Bildschirm entfernen — 58
Die Spotlight-Suche — 59

Wichtige Funktionen und Einstellungen im Überblick — 60
Die Statusleiste — 60
Das Kontrollzentrum — 61
Flugmodus — 64
WLAN — 65
Bluetooth — 68
Die Funktion "Nicht stören" — 70
Die Ausrichtungssperre — 72
Mobile Datenübertragung erlauben/verhindern — 74
Toneinstellungen — 75
Lautstärke festlegen — 75
Töne und Vibrationsmuster festlegen — 75
Tastentöne einschalten — 76
Ortungsdienste konfigurieren — 77

Anzeige konfigurieren — 78
Hintergrundbild für Home-Bildschirm / Sperrbildschirm festlegen — 79
Bildschirmhelligkeit — 80

Sperrbildschirm einrichten und nutzen — 81
Sperrbildschirm konfigurieren — 82
Touch ID im Überblick — 83
Touch ID verwenden — 84

Speicherplatz überprüfen/freigeben — 85

Mobile Datennutzung prüfen / Statistik zurücksetzen — 86

Die Hauptfunktionen des iPhones/iPads — 88
Telefonieren und Kontakte verwalten — 88
Telefonieren: Anruf tätigen — 89
Telefonieren: Anruf annehmen/ablehnen — 90

Anrufliste verwenden	**92**
Kontakte verwalten	**92**
Neuen Kontakt anlegen	93
Kontakt Klingelton zuweisen	95
Foto zu Kontakt hinzufügen	96
Kontakt finden	97
Favoriten	**97**
Favoriten anlegen über Liste der Kontakte	98
Favoriten anlegen über Register "Favoriten"	98
Favoriten verwenden	99
Voicemail	**100**
FaceTime	**100**
FaceTime-Anrufe tätigen und empfangen	101
Nachrichten: SMS, MMS, iMessage	**102**
Nachrichten senden	103
Nachrichten empfangen	104
Fotografie und eigene Videos	**105**
Fotos und Videos aufnehmen	105
Fotos und Videos verwalten und anschauen	108
Fotos und Videos bearbeiten	111
Fotos und Videos teilen, verwenden, weitergeben	112
Fotos und Videos verwenden	114
Im Internet surfen	**116**
Webseite aufrufen	116
Im Internet suchen	116
Webseiten verwenden	117
Tabs bzw. Registerkarten	119
Privates surfen	120
Lesezeichen	120
Verlauf	121
E-Mail senden und empfangen	**122**
E-Mails empfangen und anzeigen	123
E-Mails schreiben und senden	124
E-Mails verwalten	126

Siri — 129
Siri verwenden; Mitteilen persönlicher Informationen für Siri — 130

iTunes Store und App Store — 131
Inhalte finden — 131
Download und Installation kostenloser Inhalte — 134
Kostenpflichtige Inhalte kaufen — 134

Verbindung aufnehmen: Datenverwaltung über iTunes — 135
Backups — 136
Inhalte verwalten — 138
Fotos verwalten — 142

Multimedia mit iPhone und iPad: Musik, Videos und E-Books — 145
Die App "Musik" — 145
Die App "Videos" — 147
Die App "iBooks" — 149

iPhone und iPad erweitern: Apps — 150

Apple Apps — 150
Kalender — 151
Wetter — 151
Uhr — 152
Karten — 152
Notizen — 153
Erinnerungen — 154
Aktien — 154

Weitere Apps verschiedener Hersteller — 155
WhatsApp Messenger — 155
Facebook, Google+, Twitter — 156
Skype — 157
QR-Scanner+ — 157
Amazon Mobil — 158
eBay Mobile — 158
Shazam — 159
"Tagesschau", "ZDFheute", "N24 News" und "n-tv Nachrichten" — 160
iLiga – Die Fußball App — 160

Grundlagen

In diesem Kapitel erfahren Sie Grundsätzliches zum Thema *iOS* bzw. *iOS 7*. Wir erklären Ihnen, um was es sich dabei genau handelt, worauf Sie bei der Einrichtung eines iPhones oder iPads, die iOS 7 verwenden, achten müssen und wie die Bedienung der Geräte prinzipiell funktioniert. Außerdem stellen wir Ihnen verschiedene Funktionen und Einstellungen vor, die nicht nur wichtig sind und häufig verwendet werden, sondern auch dabei helfen, die Funktionsweise Ihres Gerätes zu verstehen.

Was sind iOS, iTunes und iCloud?

iOS ist die Bezeichnung für das Betriebssystem der Smartphones und Tablet-PCs von Apple. Alle iPhones und iPads, aber auch einige Modelle des Mediaplayers *iPod* verwenden dieses Betriebssystem.

Zusammen mit *iTunes* und aktuell auch *iCloud* bildet iOS die Grundlage für die Verwendung der mobilen Geräte von Apple.

> **Was ist das denn?**
>
> **Betriebssystem**
> Das Betriebssystem fasst verschiedene Computerprogramme zusammen, die die in einem Computer oder ähnlichen Gerät enthaltenen Hardware-Komponenten verwalten und diese den auf dem Gerät befindlichen Anwendungen zur Verfügung stellen.

iOS bzw. iOS 7

Die Entwicklung von iOS ist nicht abgeschlossen, sondern schreitet stetig voran. In den letzten Jahren wurden diverse iOS-Versionen veröffentlicht, die sich von den Grundprinzipien her ähneln, aber bei der Bedienung und den zur Verfügung gestellten Funktionen auch Unterschiede aufweisen können.

Wenn Apple in der Vergangenheit eine neue Version von iOS veröffentlicht hat, konnte diese häufig auch auf älteren Apple-Geräten eingesetzt werden und wurde demzufolge von Apple auch für diese Geräte bereitgestellt.

iPhone 5c mit iOS 7 und dem Home-Bildschirm

Diese Abwärtskompatibilität hat aber gewisse Grenzen, da ältere Geräte ggf. nicht leistungsstark genug sind, um eine aktuelle iOS-Version auszuführen.

Im Herbst 2013 wurde von Apple *iOS 7* veröffentlicht, auf das wir uns hier im Buch beziehen. iOS 7 funktioniert mit folgenden Geräten: iPhone 4 und neuer, iPad 2 und neuer, iPad mini, iPod touch der 5. Generation. Auf älteren Geräten kann iOS 7 nicht eingesetzt werden. Sollten Sie über eines der aufgelisteten Geräte verfügen, können Sie dieses auf Version 7 von iOS aktualisieren. Da Sie sich in diesem Fall ja wahrscheinlich bereits mit der Bedienung des Gerätes auskennen, hier nur ein kurzer Hinweis darauf, wo Sie die Funktion zum Aktualisieren Ihres Gerätes finden: "Einstellungen" > "Allgemein" > "Softwareaktualisierung". iPhone 5c und iPhone 5s verfügen bereits im Auslieferungszustand über iOS 7.

iTunes

Bei *iTunes* handelt es sich um ein Computerprogramm von Apple für PC und Mac, über das Sie Zugriff auf Ihre Medien haben – also die auf Ihrem Computer oder in *iCloud* (dazu weiter unten mehr) gespeicherten Musikstücke, Filme oder TV-Sendungen. Die Medien lassen sich mit iTunes abspielen, das Programm dient also auch als Mediaplayer.

Eine besonders wichtige Funktion von iTunes auf dem Computer ist die Verwaltung Ihrer mobilen Geräte. Sie können damit festlegen, welche Ihrer Mediendateien auf Ihr iPhone oder iPad/iPod überragen werden sollen. Falls Sie nicht über ein WLAN verfügen, ist iTunes auch das

Das Programm "iTunes" mit dem iTunes Store

Programm, mit dem Sie ein neues mobiles Gerät von Apple aktivieren.

Darüber hinaus erreichen Sie über das Programm *iTunes* auch den *iTunes Store*. Hier können Sie in den verschiedenen Medien stöbern, Musik kaufen oder Filme kaufen bzw. ausleihen. Es stehen Millionen von Titeln zur Auswahl. Auch der *App Store* ist über iTunes erreichbar und Sie können dort in den verfügbaren Apps stöbern und diese herunterladen bzw. kaufen. Anschließend können diese auf Ihr mobiles Gerät übertragen werden, abhängig von Ihren Einstellungen in iTunes.

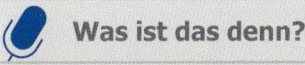

Was ist das denn?
App
Kurzform für engl. "Application", also "Anwendung". Steht für Anwendungssoftware, die auf mobilen Geräten zum Einsatz kommt. Hat aber auch auf Desktop-Computern den Begriff "Programm" teilweise bereits ersetzt, z. B. bei Windows 8.

Auf den mobilen Geräten von Apple finden Sie eine App mit dem Namen *iTunes Store*. Über diese haben Sie ebenfalls Zugriff auf die riesige Vielfalt im Medienshop von Apple – ganz ohne Computer. Sie können über die App ebenfalls im Angebot stöbern und ggf. Medien herunterladen, kaufen oder bei Filmen auch ausleihen.

iCloud

iCloud ist ein Cloud-Dienst von Apple, über den es möglich ist, Daten auf bis zu 10 Apple-Geräten und PCs synchron zu halten. Zu diesen Daten gehören E-Mails bei iCloud.com, Kontakte und Kalendereinträge, aber auch Fotos, Bücher und Musik. Auf diese Weise ist alles, was Sie im iTunes Store, im App Store oder bei iBooks kaufen auf all Ihren Geräten verfügbar.

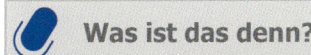

Was ist das denn?
Cloud, Cloud-Computing
Über ein Netzwerk bereitgestellte Computer-Infrastrukturen. Dabei kann es sich um Rechenkapazität, Speicherplatz oder auch fertige Software bzw. Dienste handeln, die über das Internet zur Verfügung gestellt werden.

Über einen gemeinsamen Fotostream – ein spezielles Album – können Sie Fotos und Videos mit anderen teilen und diese anderen Personen können sogar eigene Fotos, Videos und Kommentare zum Fotostream hinzufügen. Toll für den Austausch von Erinnerungen zu einem Familienfest oder einer Party …

iCloud auf einem PC konfigurieren

Die iCloud findet auch Verwendung in vielen Apps – auch in den Apps von anderen Anbietern als Apple. So ist es möglich, ein Projekt, das Sie auf dem iPhone begonnen haben, auf dem iPad fertigzustellen. Alles ist automatisch auf allen Geräten gespeichert …

Die iCloud ist auch im Punkt "Sicherheit" nützlich. So lässt sich die Position Ihres iPhones über die Funktion "Mein iPhone suchen" bestimmen und das Gerät so wiederfinden. Darüber hinaus haben eventuelle Diebe es schwerer, das Gerät zu verkaufen, da zum erneuten Aktivieren Ihre *Apple-ID* und das zugehörige Passwort eingegeben werden müssen.

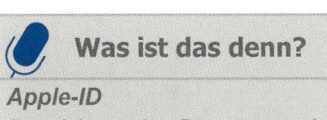 **Was ist das denn?**

Apple-ID
Bezeichnet eine Benutzername/Kennwort-Kombination, über die man sich bei einem kostenlosen Konto von Apple anmeldet. Durch dieses Konto erhält man Zugriff auf diverse Online-Dienste von Apple, z. B. iCloud, iTunes Store und App Store.

Die iCloud kann auch zur Erhöhung der Datensicherheit genutzt werden, indem ein Backup – eine Sicherheitskopie – der auf dem Gerät enthaltenen Daten online gespeichert wird. Ist das Gerät am Strom angeschlossen, erstellt iCloud täglich über WLAN ein Backup Ihrer Inhalte – automatisch, ohne dass Sie etwas tun müssen.

Sie erhalten bei der Anmeldung zur iCloud automatisch 5 GB Online-Speicherplatz kostenlos. Dieser Speicherplatz wird für iCloud Backup, Appdaten, in iCloud gespeicherte Dokumente und für iCloud Mail genutzt. Falls Sie mehr als die für die meisten Anwender durchaus ausreichenden 5 GB an Speicherplatz benötigen, können Sie den Online-Speicher kostenpflichtig erweitern.

iPhone oder iPad einrichten

Endlich haben Sie auch ein iPhone oder iPad. Aber was kommt jetzt? Wofür sind die Anschlüsse und Schalter gut? Was passiert nach dem ersten Einschalten? Worauf sollten Sie beim Einrichten des Telefons achten? In diesem Abschnitt erklären wir, wofür die grundsätzlichen Bedienelemente eines mobilen Gerätes von Apple verwendet werden und wie diese funktionieren. Darüber hinaus helfen wir Ihnen bei der Ersteinrichtung und erklären, was es mit der Apple-ID auf sich hat.

Schalter, Anschlüsse und Bedienelemente

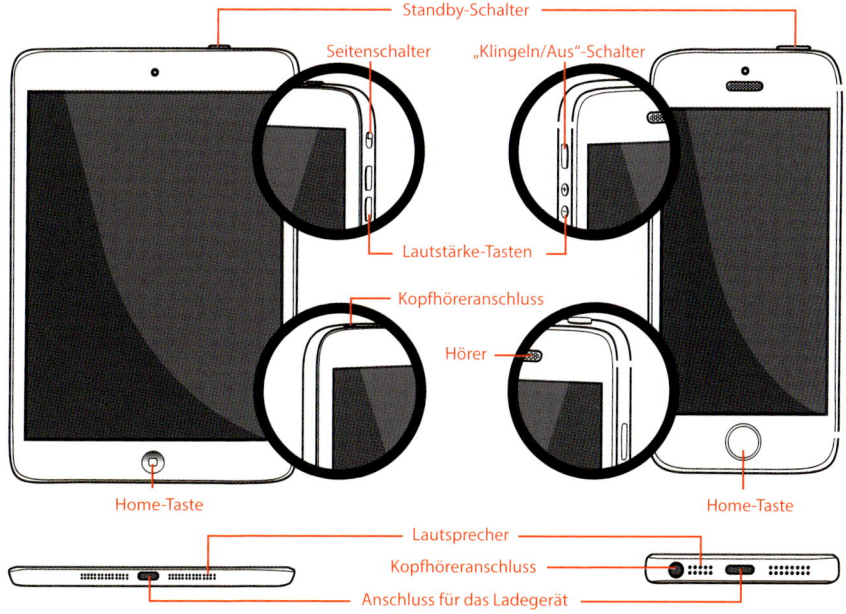

Schalter und Anschlüsse iPad und iPhone

iPhones und iPads der verschiedenen Entwicklungsstufen bzw. Versionen unterscheiden sich optisch und von den technischen Daten her. Die grundsätzlichen Bedienelemente allerdings sind bei allen Geräten sehr ähnlich. Die konkrete Position oder Umsetzung eines Bedienelements oder Anschlusses ist jedoch geräteabhängig. Insbesondere bei den iPhones der Version 5 haben sich bei der Positionierung und der Ausführung der Anschlüsse Änderungen ergeben. So finden Sie die Buchse für Kopfhörer bzw. kabelgebundene Freisprechanlagen nun an der Unterseite des Gerätes.

Auch die Ausführung des Anschlusses für die Stromversorgung bzw. zur Datenübertragung an einen Computer per USB hat sich geändert. Der von früheren Geräteversionen bekannte *Dock-Anschluss* wurde durch den *Lightning-Anschluss* ersetzt. Dieser ist nur noch ein Fünftel so breit wie der Vorgänger und verschafft so Platz für bessere Lautsprecher. Außerdem kann der entsprechende Stecker nicht verkehrt herum angesteckt werden, da Ober- und Unterseite identisch sind.

Der neue Anschluss hat aber nicht nur Vorteile: Aufgrund der anderen Bauart passt von älteren Geräten vorhandenes Zubehör, wie beispielsweise Musik-Dockingstationen oder Hüllen mit integriertem Zusatzakku, nicht mehr an die neuen Geräte. Abhilfe verspricht hier ein Adapter, der aber leider nicht zum Lieferumfang der Geräte gehört und separat gekauft werden muss.

Standby-Schalter bzw. Ein-/Aus-Schalter

Der *Standby-Schalter* dient bei ausgeschaltetem Gerät zum Einschalten. Dazu müssen Sie den Schalter so lange gedrückt halten, bis das Apfel-Logo auf dem Bildschirm angezeigt wird. Ist das Gerät allerdings bereits eingeschaltet, hat der Schalter weitere Funktionen:

Sperrbildschirm auf dem iPhone 5c

Ein kurzer Druck auf den Schalter aktiviert oder deaktiviert die Bildschirmanzeige des iPhones oder iPads. Bei ausgeschaltetem Bildschirm wird nicht nur Akku-Energie gespart, sondern das Gerät auch gesperrt. Es reagiert dann nicht auf Berührungen der Bildschirmoberfläche. So können Sie sicherstellen, dass keine unerwünschten Funktionen ausgelöst werden, wenn Sie das Gerät beispielsweise in der Hosentasche aufbewahren. In den Einstellungen können Sie eine Zeitspanne festlegen, nach der das Gerät automatisch gesperrt wird.

Während das Gerät gesperrt ist, lassen sich weiterhin Telefon- oder FaceTime-Anrufe, Textnachrichten sowie Hinweise und Mitteilungen empfangen. Außerdem lässt sich bei gesperrtem Gerät weiterhin Musik hören und Sie können über die entsprechenden Tasten die Lautstärke regulieren.

Ein erneuter kurzer Druck auf die Standby-Taste schaltet das Display wieder ein und der Sperrbildschirm wird angezeigt. Sie können dazu auch kurz auf die Home-Taste drücken. Streichen Sie mit dem Finger auf dem Sperrbildschirm nach rechts, um das iPhone oder iPad zu entsperren und damit vom Sperr- zum *Home-Bildschirm* zu wechseln. Je nachdem, welche Sicherheitseinstellungen Sie vorgenommen haben, kann es sein, dass zum Entsperren des Gerätes ein Code eingegeben werden muss.

Was ist das denn?

Home-Bildschirm
Vom Home-Bildschirm aus werden alle Aktivitäten auf dem Gerät gestartet. Auf ihm sind Symbole für die einzelnen Apps abgelegt. iOS-Geräte verfügen über mehrere Home-Bildschirme, zwischen denen gewechselt werden kann. Das Aussehen des Home-Bildschirms und die Anordnung der Symbole für die Apps können vom Anwender festgelegt werden.

Die Standby-Taste wird auch zum Ausschalten des Gerätes verwendet. Halten Sie dazu die Taste gedrückt, bis der rote Regler eingeblendet wird. Bewegen Sie den Regler, um das Gerät auszuschalten.

Home-Taste

Wie gesagt, können Sie bei gesperrtem iPhone oder iPad durch kurzes Drücken der Home-Taste den Bildschirm einschalten und so den Sperrbildschirm aufrufen. Darüber hinaus bringt Sie die Home-Taste von überall zurück zum Home-Bildschirm. Über die Home-Taste lassen sich auch die derzeit geöffneten Apps anzeigen. Drücken Sie die Taste dazu zweimal kurz hintereinander.

Was ist das denn?

Siri
Eine Software zur Erkennung und Verarbeitung natürlich gesprochener Sprache. Soll auf diese Weise die Funktion eines persönlichen Assistenten erfüllen. Benötigt eine Internetverbindung, über die die Sprachdaten an einen Apple-Server übertragen und dort verarbeitet werden. Das Ergebnis wird dann an das Endgerät zurückgemeldet.

Wenn Sie die Home-Taste gedrückt halten, rufen Sie *Siri*, den sprachgesteuerten persönlichen Assistenten, oder die *Sprachsteuerung* auf.

Beim iPhone 5s können Sie den in die Home-Taste integrierten Sensor als Fingerabdruckleser verwenden und so beispielsweise das Gerät entsperren oder Einkäufe bestätigen.

Was ist das denn?

Sprachsteuerung
Mit der Sprachsteuerung können Sie Anrufe tätigen oder die Wiedergabe von Musik steuern. Sie verwenden dabei vorgegebene Befehle und ggf. in Ihren Kontakten gespeicherte Namen. Die Sprachsteuerung ist nur dann aktiv, wenn Siri ausgeschaltet ist.

Lautstärke-Tasten

Über die seitlich am Gerät angebrachten Lautstärke-Tasten können Sie, während Sie telefonieren, Musik hören oder sonstige Medien abspielen, die Wiedergabelautstärke festlegen. Falls Sie gerade keine Medien wiedergeben und auch nicht telefonieren, stellen Sie über die Tasten die Lautstärke für Klingeltöne, Hinweise usw. ein.

Lautstärke des Klingeltons über Tasten festlegen

Bei aktivierter Kamera-App können Sie durch Drücken einer der Lautstärke-Tasten ein Foto aufnehmen bzw. eine Videoaufnahme starten. Dies ist insbesondere bei waagerecht gehaltenem iPhone oder iPad und bei Selbstporträts praktisch.

Schalter "Klingeln/Aus" bzw. Seitenschalter

Der Schalter *Klingeln/Aus* befindet sich seitlich am iPhone. Wenn der Schalter in der Position *Klingeln* steht, spielt das iPhone alle Töne ab. Steht der Schalter auf *Aus*, werden keine Töne wiedergegeben. Der Schalter bezieht sich also nicht nur auf den Klingelton, sondern auf alle Töne, die das iPhone produziert. Sie erkennen an einer roten Markierung direkt am Schalter, dass die Position *Aus* gewählt ist.

Am iPad funktioniert der Schalter ähnlich. Allerdings kann der Schalter hier grundsätzlich zwei Funktionen steuern: die Wiedergabe von Hinweistönen oder die Sperre der Ausrichtung des Bildschirminhalts. Welche der beiden Funktionen der Schalter steuert, legen Sie in den Einstellungen fest.

Haben Sie in den Einstellungen für den Seitenschalter die Funktion *Ton aus* gewählt, können Sie über den Seitenschalter die Wiedergabe von Hinweistönen für Benachrichtigungen usw. unterdrücken. Anders als beim iPhone beeinflusst der Seitenschalter nicht die Wiedergabe der Töne von Musik oder anderen Medien, beispielsweise Videos. Verwenden Sie beim iPad die Laustärketasten, um solche Medien leiser wiederzugeben bzw. stumm zu schalten.

Wurde in den Einstellungen für den Seitenschalter die Funktion *Ausrichtungssperre* gewählt, können Sie darüber verhindern, dass der Bildschirminhalt des iPad nach einer Drehung des Gerätes horizontal oder vertikal angepasst wird. Das ist beispielsweise dann praktisch, wenn Sie seitlich auf dem Sofa liegen und Sie den Bildschirminhalt betrachten möchten, ohne den Kopf zu drehen.

Anschlüsse

iPhone und iPad verfügen nur über wenige Anschlüsse. Der Kopfhöreranschluss befindet sich bis einschließlich iPhone 4s oben links am Gerät. Ab dem iPhone 5 wurde der Anschluss nach unten links verlegt. Wie der Name schon sagt, werden über diesen Anschluss Kopfhörer mit dem iPhone oder iPad verbunden. Sie können das Gerät darüber aber auch an externe Lautsprecher, eine Stereoanlage oder das Soundsystem Ihres Autos anschließen. Ein sogenanntes AUX-Kabel mit 3.5-mm-Klinkenstecker reicht.

Der *Dock-Anschluss* (bis iPhone 4s) bzw. *Lightning-Anschluss* (ab iPhone 5) erfüllt mehrere Funktionen. Zunächst einmal wird daran das Kabel zum Aufladen des Akkus angeschlossen. Über den gleichen Anschluss und das mitgelieferte USB-Kabel verbinden Sie das iPhone oder iPad aber auch mit einem Computer. Darüber hinaus wird dieser Anschluss auch durch diverse Zubehörartikel wie beispielsweise Hüllen mit integriertem Zusatzakku oder Musik-Dockingstationen verwendet.

Eigentlich kein richtiger Anschluss und auch nicht bei allen Geräten vorhanden: der Steckplatz für die SIM-Karte. Dieser befindet sich an der Außenseite des iPhones oder iPads und lässt sich nur mithilfe des ggf. bei einigen Geräten mitgelieferten speziellen Werkzeugs oder einer aufgebogenen Büroklammer bzw. eines ähnlichen Gegenstands öffnen. Ganz gut funktioniert beispielsweise auch eine Heftzwecke.

Was ist das denn?

SIM-Karte
Eine Chipkarte, über die Mobilfunkanbieter den Nutzern Telefonanschlüsse und Datenanschlüsse zur Verfügung stellen. In verschiedenen Abmessungen verfügbar, bei Smartphones werden allgemein meist Micro-SIM-Karten verwendet, ab dem iPhone 5 aber die noch kleineren Nano-SIM-Karten.

Nach dem Öffnen entnehmen Sie die Aufnahme für die SIM-Karte und legen die Karte in der vorgegebenen Ausrichtung ein. Anschließend stecken Sie die Aufnahme mitsamt der SIM-Karte zurück ins Gerät.

Ersteinrichtung eines iPhones oder iPads

Mit großer Wahrscheinlichkeit haben Sie die Ersteinrichtung Ihres iPhones oder iPads bereits hinter sich gebracht. Trotzdem wollen wir hier darauf eingehen. Vielleicht kommen Sie ja noch einmal in die Verlegenheit, ein neues Gerät einzurichten, oder haben dieses Buch gekauft, bevor Sie sich ein Apple-Gerät zulegen. Die Ersteinrichtung eines iPhones und die eines iPads unterscheiden sich nur marginal. Daher konzentrieren wir uns hier bei der Beschreibung auf das iPhone.

 Was ist das denn?

Apple-ID
Bezeichnet eine Benutzername/Kennwort-Kombination, über die man sich bei einem kostenlosen Konto von Apple anmeldet. Durch dieses Konto erhält man Zugriff auf diverse Online-Dienste von Apple, z. B. iCloud, iTunes Store und App Store.

 Was ist das denn?

Cloud, Cloud-Computing
Über ein Netzwerk bereit gestellte Computer-Infrastrukturen. Dabei kann es sich um Rechenkapazität, Speicherplatz oder auch fertige Software bzw. Dienste handeln, die über das Internet zur Verfügung gestellt werden.

Um ein iPhone oder iPad verwenden zu können, müssen Sie dieses zunächst aktivieren. Für diesen Vorgang benötigen Sie eine Internetverbindung, also entweder einen Computer mit Internetzugang, einen WLAN-Zugang zum Internet oder einen Vertrag bzw. Tarif bei einem Mobilfunkanbieter, der die mobile Datenübertragung über das GSM-Netz – also das mobile Telefonnetz – erlaubt.

Außerdem benötigen Sie eine Apple-ID. Dabei handelt es sich um ein Benutzerkonto bei Apple, über das Sie Zugang zu diversen Diensten von Apple erhalten. Dazu gehören beispielsweise *iCloud* der Cloud-Dienst von Apple, über den Sie Daten auf unterschiedlichen Geräten synchron halten oder auch ein Sicherheits-Backup Ihres Gerätes erstellen können. Auch der *App Store*, über den Sie neue Apps auf Ihrem iPhone oder iPad installieren können, macht von der Apple-ID Gebrauch.

Die Apple-ID lässt sich separat am PC erstellen oder Sie erstellen diese während der Ersteinrichtung des Gerätes über einen WLAN-Zugang oder das GSM-Netz. Wenn Sie bereits über eine Apple-ID verfügen – weil Sie beispielsweise bereits ein iPhone verwenden und nun ein iPad einrichten wollen oder weil Sie von einem älteren auf ein neueres Modell des iPhone umsteigen möchten –, verwenden Sie die bereits vorhandene Apple-ID. Wenn Sie mehrere Apple-Geräte verwenden, ist es sinnvoll, auf allen Geräten dieselbe Apple-ID zu benutzen. Sie brauchen dann beispielsweise eine App nur einmal zu kaufen und diese App steht Ihnen dann trotzdem auf allen Geräten mit der gleichen Apple-ID zur Verfügung. Gekaufte Inhalte werden also nicht mit einem bestimmten Gerät, sondern mit Ihrer Apple-ID verknüpft.

Die eigentliche Apple-ID, also die Daten, die Sie zur Anmeldung an einen der Apple-Dienste eingeben müssen, besteht aus einer E-Mail-Adresse und einem zugehörigen Kennwort. Als E-Mail-Adresse können Sie Ihre ggf. bereits vorhandene E-Mail-Adresse oder auch eine neue Adresse verwenden.

Apple-ID separat am Computer erstellen

Wenn Sie Ihre Apple-ID am Computer erstellen wollen, ist es sinnvoll, dazu das Programm *iTunes* zu verwenden. Mit diesem Programm können Sie darüber hinaus Ihre Apple-Geräte verwalten, Medien bzw. Apps beziehen (kostenlos herunterladen oder kaufen) und diese und weitere auf dem Computer gespeicherte Medien abspielen.

Zum Herunterladen des Programms zeigen Sie in Ihrem Browser die folgende Seite an: **http://www.apple.de**.

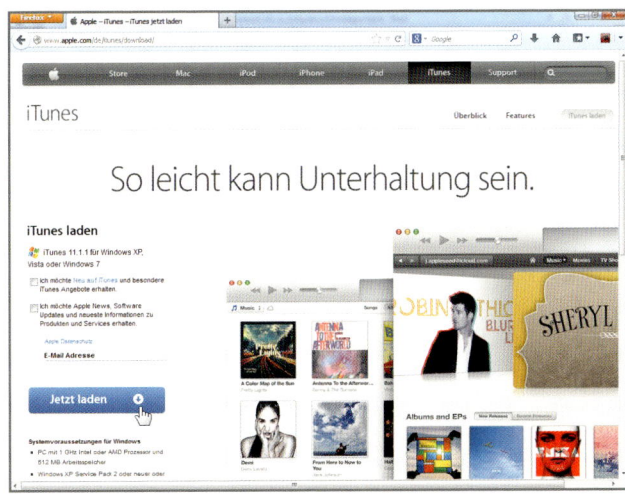

Download des Programms "iTunes" starten

Klicken Sie anschließend oben auf der Seite auf das Register **iTunes** und auf der daraufhin angezeigten Seite oben rechts auf die Schaltfläche **iTunes laden**. Bestätigen Sie dann mit **Jetzt laden**.

iTunes installieren

Doppelklicken Sie auf die heruntergeladene Datei und folgen Sie den Anweisungen des Installationsprogramms. Schließen Sie die Installation durch Klicken auf **Fertigstellen** ab.

Willkommensseite nach dem ersten Start von iTunes

Standardmäßig wird iTunes nach Abschluss der Installation automatisch gestartet. Falls das bei Ihnen nicht so sein sollte, starten Sie das Programm manuell. Nach dem ersten Start wird eine Willkommensseite angezeigt, auf der Sie eine Einführung zu iTunes starten können. Darüber hinaus sollten Sie hier der Übertragung von Detailinformationen über die auf Ihrem Computer gespeicherten Medien – Ihre Mediathek – an Apple zustimmen, indem Sie auf **Akzeptieren** klicken. Dadurch wird sichergestellt, dass z. B. Coverabbildungen von Musikalben in Ihrer Mediathek dargestellt werden. Diese können dann bei Bedarf heruntergeladen werden.

Nachdem Sie der Übermittlung Ihrer Daten mit **Akzeptieren** zugestimmt oder mit **Nein** widersprochen haben, wird automatisch der Bereich *Musik* angezeigt. Klicken Sie hier auf **Medien suchen**, um bereits auf dem Computer gespeicherte Medien zu Ihrer Mediathek hinzuzufügen. Die gefundenen Medien werden anschließend in der Ansicht *Alben* im Bereich *Musik* aufgelistet.

Apple-ID über iTunes erstellen

Beim Erstellen einer Apple-ID müssen Sie diverse Informationen zu Ihrer Person in einem Formular eingeben. Standardmäßig wird dabei auch erwartet, dass Sie bereits beim Erstellen der Apple-ID eine Zahlungsmethode definieren und das, obwohl Sie möglicherweise gar nichts kaufen möchten. Prinzipiell spricht auch nichts dagegen, Ihre gewünschte Methode zum Bezahlen festzulegen und die entsprechenden Kreditkarten- bzw. Kontodaten anzugeben, da erst dann ein Zahlungsvorgang stattfindet, wenn Sie kostenpflichtige Inhalte kaufen.

Wir gehen hier aber davon aus, dass Sie diese Zahlungsinformationen zunächst nicht angeben möchten und zeigen Ihnen daher einen kleinen Trick, wie Sie eine Apple-ID anlegen können, ohne eine Zahlungsmethode zu definieren:

Wechseln Sie ggf. zunächst über die gleichnamige Schaltfläche oben rechts in iTunes zum **iTunes Store**. Aktivieren Sie anschließend oben in iTunes die Schaltfläche **App Store**. Wählen Sie hier eine beliebige Gratis-App aus. Zeigen Sie dazu ggf. so lange weiter unten stehenden Inhalt im App Store an, bis auf der rechten Seite die Liste *Top-Apps (gratis)* erscheint.

Apple-ID erstellen, ohne Zahlungsmethode festzulegen

Zeigen Sie auf einen der Einträge in der Liste, um die zum Eintrag gehörende Schaltfläche **Gratis** einzublenden. Nach einem Klick auf diese Schaltfläche wird das Fenster *iTunes* mit dem Hinweis *Am iTunes Store anmelden* geöffnet. Aktivieren Sie hier die Schaltfläche **Apple ID erstellen**.

Der Assistent zum Erstellen einer Apple-ID wird gestartet. Aktivieren Sie die Schaltfläche **Weiter**, um die Geschäftsbedingungen und Datenschutzrichtlinie von Apple anzuzeigen. Akzeptieren Sie die allgemeinen Geschäftsbedingungen, indem Sie das entsprechende Kontrollkästchen einschalten und anschließend auf **Akzeptieren** klicken.

Im nächsten Schritt wird ein Formular mit diversen Eingabefeldern angezeigt. Geben Sie in das Feld *E-Mail* Ihre E-Mail-Adresse ein. Diese Adresse ist gleichzeitig Ihre Apple-ID. Es ist unerheblich, von welchem Anbieter die E-Mail-Adresse stammt. Falls Sie noch nicht über eine E-Mail-Adresse verfügen, gibt es diverse Anbieter, von denen Sie eine kostenlose E-Mail-Adresse beziehen können, z. B. Google, GMX oder Yahoo.

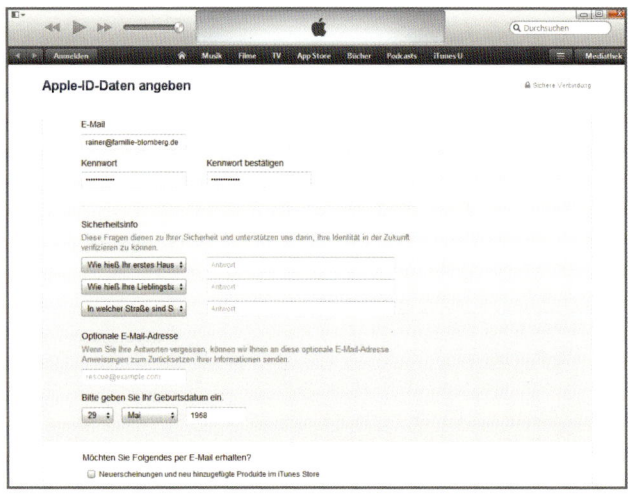

Formular zum Eingeben der Apple-ID-Daten

Ebenfalls Teil Ihrer Apple-ID ist das Kennwort. Geben Sie ein Kennwort Ihrer Wahl in die Felder *Kennwort* und *Kennwort bestätigen* ein. Achten Sie darauf, dass das Kennwort nur Ihnen bekannt und mindestens acht Zeichen lang ist. Es sollte Großbuchstaben, Kleinbuchstaben und Zahlen enthalten.

Wählen Sie unter *Sicherheitsinfo* über die angebotenen Listenfelder Fragen aus, deren Antwort nur Ihnen bekannt ist. Tragen Sie die zugehörigen Antworten in die entsprechenden Eingabefelder ein. Diese Frage/Antwort-Kombinationen werden verwendet, um Ihre Identität zu bestätigen, falls dies erforderlich ist – beispielsweise wenn Sie einmal Ihr Kennwort vergessen haben sollten.

Falls Sie über eine weitere E-Mail-Adresse verfügen, sollten Sie diese im Feld *Optionale E-Mail-Adresse* eintragen. Diese E-Mail-Adresse wird verwendet, um Ihnen Anweisungen zum Zurücksetzen Ihrer gegebenen Informationen zukommen zu lassen. So können Sie auch dann auf Ihre Apple-ID-Kontoinformationen zugreifen, wenn Sie das Kennwort und auch die Antworten auf die Sicherheitsfragen vergessen haben sollten.

Geben Sie anschließend Ihr Geburtsdatum ein und aktivieren Sie die Schaltfläche **Weiter**.

Im nächsten Schritt können Sie eine Zahlungsmethode festlegen. Da Sie den Assistenten zum Erstellen einer Apple-ID über den App Store und eine Gratis-App gestartet haben, steht hier auch die Zahlungsmethode *Keine* zur Auswahl.

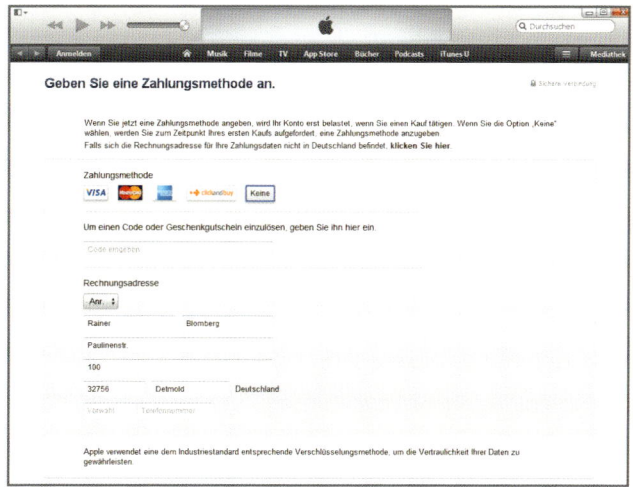

Eine Zahlungsmethode festlegen: hier "Keine"

Falls Sie diese Option wählen, werden Sie bei dem Versuch, kostenpflichtige Inhalte von Apple zu beziehen, dazu aufgefordert, eine Zahlungsmethode anzugeben. Gratisinhalte können Sie herunterladen, ohne eine Zahlungsmethode festzulegen.

Sie können hier aber auch ein Kreditkartenunternehmen auswählen und anschließend die Daten Ihrer Kreditkarte eingeben. Käufe in iTunes oder dem App Store werden dann über diese Karte abgerechnet. Über den Anbieter *clickandbuy* lässt sich auch die Zahlung per Bankabbuchung realisieren.

Erstellung der Apple-ID abschließen

In das Feld *Code eingeben* können Sie auch den Code einer Prepaid-Karte für iTunes oder den App Store eintragen. Diese Prepaid-Karten erhalten Sie im Einzelhandel oder beispielsweise an vielen Tankstellen. Das entsprechende Guthaben wird dann Ihrem Konto bei Apple gutgeschrieben und Sie können es nach und nach mit Ihren Einkäufen verbrauchen. Wir wählen hier im Beispiel die Zahlungsmethode **Keine**.

Legen Sie anschließend eine Anrede fest und geben Sie Ihre Adressdaten sowie Ihre Telefonnummer ein. Bei der Telefonnummer funktionieren sowohl Festnetz- als auch Mobilfunkrufnummern.

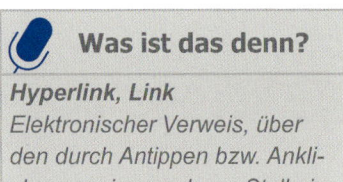 **Was ist das denn?**

Hyperlink, Link
Elektronischer Verweis, über den durch Antippen bzw. Anklicken zu einer anderen Stelle im gleichen Dokument oder zu einem anderen Dokument gesprungen werden kann.

Klicken Sie nun auf **Apple-ID erstellen**. Daraufhin wird an die in das Feld *E-Mail* eingegebene E-Mail-Adresse eine Bestätigungsmail geschickt. Lesen Sie die E-Mail und aktivieren Sie den enthaltenen *Link*, um die Erstellung Ihrer Apple-ID abzuschließen.

Erster Start: iPhone/iPad einrichten

Auf den folgenden Seiten zeigen wir Ihnen die konkrete Vorgehensweise beim Einrichten eines iPhones oder iPads. Wir decken dabei die verschiedenen Möglichkeiten ab, über die die mobilen Geräte von Apple eingerichtet werden können: Mit vorhandener Apple-ID ohne WLAN über iTunes, ohne vorhandene Apple-ID über WLAN, Zweitgerät mit vorhandener Apple-ID über WLAN. Einige der Beschreibungen werden also mehrfach vorkommen, suchen Sie sich bitte den für Sie zutreffenden Weg aus.

iPhone 5s über iTunes einrichten

In diesem Abschnitt gehen wir davon aus, dass Sie nicht über ein WLAN verfügen und daher einen Computer mit Internetzugang und das Programm *iTunes* verwenden müssen, um Ihr iPhone zu aktivieren bzw. einzurichten. Es ist aber selbstverständlich auch möglich, einen Computer und iTunes zur Aktivierung zu verwenden, obwohl Sie über ein WLAN verfügen. Außerdem gehen wir davon aus, dass Sie bereits wie oben beschrieben iTunes installiert und eine Apple-ID erstellt haben.

Stellen Sie zunächst sicher, dass die SIM-Karte im iPhone eingelegt ist und iTunes auf dem Computer gestartet wurde. Sie sollten nach dem Start des Programms automatisch bei iTunes mit Ihrer Apple-ID angemeldet sein. Falls das nicht der Fall ist, klicken Sie auf die Schaltfläche **Anmelden** und geben Sie Ihre Apple-ID und das zugehörige Kennwort ein. Die nötigen Vorbereitungen sind nun abgeschlossen.

Verbinden Sie das iPhone über das mitgelieferte Kabel mit einem USB-Anschluss des Computers. Das iPhone wird automatisch gestartet und auf dem Computer werden gegebenenfalls einige Gerätetreiber installiert. Anschließend erkennt iTunes das angeschlossene Gerät und weist Sie darauf hin, dass im iPhone eine SIM-Karte eingelegt ist, die mit einem Pin-Code gesichert wurde.

Die im iPhone eingelegte SIM-Karte ist gesperrt

Sie müssen nun auf dem iPhone die SIM-Karte entsperren und dazu den PIN-Code eingeben. Schalten Sie ggf. das Display des iPhone ein, indem Sie die Home-Taste oder die Setup-Taste kurz drücken. Blenden Sie anschließend den Sperrbildschirm aus, indem Sie mit dem Finger von links nach rechts über den Bildschirm streichen. Anschließend wird ein Hinweis zur gesperrten SIM-Karte auf dem Bildschirm angezeigt. Tippen Sie hier auf **Unlock** und geben Sie anschließend den PIN-Code zum Entsperren der SIM-Karte ein. Sie finden diesen Code in den Vertragsunterlagen Ihres Mobilfunkanbieters. Bestätigen Sie Ihre Eingabe, indem Sie auf **OK** direkt neben dem Eingabefeld tippen.

Häufig wird nun in iTunes eine Fehlermeldung angezeigt, die besagt, dass die Aktivierung zu diesem Zeitpunkt nicht fortgesetzt werden kann. Trennen Sie in diesem Fall die Verbindung zwischen iPhone und Computer und schließen Sie das Gerät dann erneut an den Computer an.

Die eingelegte SIM-Karte muss entsperrt werden

Nachdem auf dem iPhone die SIM-Karte entsperrt und das Gerät erneut an den Computer angeschlossen wurde, erkennt iTunes das Gerät und startet automatisch den Assistenten zur Konfiguration.

Abhängig von Ihrem Mobilfunkanbieter kann es sein, dass Sie von iTunes in einem Fenster auf ein Update für die Netzbetreiber-Einstellungen hingewiesen werden. Klicken Sie in diesem Fall auf **Laden und aktualisieren**, um die neuen Einstellungen zu übernehmen und bestätigen Sie die Erfolgsmeldung mit Klick auf **OK**.

Klicken Sie in iTunes auf der Willkommensseite des Assistenten zur Konfiguration auf die Schaltfläche **Fortfahren**. Bestätigen Sie im nächsten Schritt den iPhone-Softwarelizenzvertrag, indem Sie das entsprechende Kontrollkästchen einschalten. Aktivieren Sie erneut die Schaltfläche **Fortfahren**. Das iPhone wird automatisch aktiviert und es werden einige Standardeinstellungen vorgenommen.

Sie werden nun in iTunes aufgefordert, das angeschlossene iPhone mit iTunes zu synchronisieren. Klicken Sie auf die Schaltfläche **Beginnen**, um den Vorgang fortzusetzen. Da wir der Synchronisation im Buch einen eigenen Abschnitt widmen, überspringen wir den Vorgang hier, bzw. übernehmen die Standardeinstellungen, indem wir oben rechts in iTunes auf **Fertig** klicken.

Auf dem iPhone werden Sie nun dazu aufgefordert, ein WLAN-Netzwerk auszuwählen, mit dem Sie sich verbinden wollen. Da wir ja

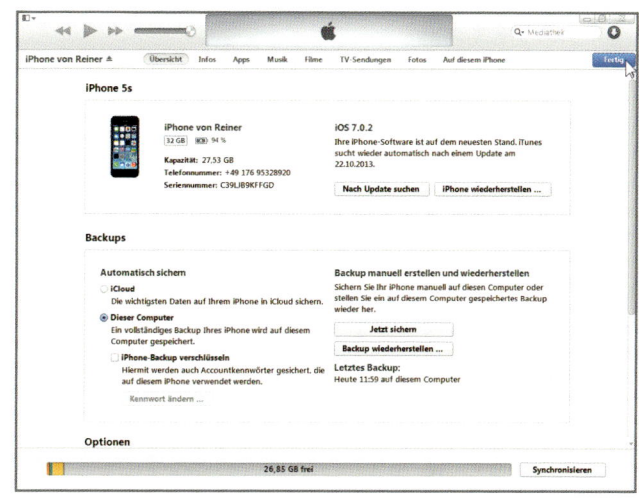

Standardeinstellungen für Synchronisation übernehmen

in diesem Beispiel davon ausgehen, dass kein WLAN verfügbar ist, überspringen Sie diesen Schritt, indem Sie oben rechts auf **Weiter** tippen.

Sie werden nun dazu aufgefordert, festzulegen, ob Sie die *Ortungsdienste* auf Ihrem iPhone verwenden möchten oder nicht. Die Ortungsdienste werden von vielen Apps benutzt, um Ihre ungefähre Position festzustellen, was zum Beispiel bei der Verwendung der Karten-App sehr sinnvoll ist. Sie können sich weiter über die Ortungsdienste informieren, indem Sie unten im Bildschirm auf den Link **Über Ortungsdienste** tippen. Auf der Infoseite zu den Ortungsdiensten gelangen Sie zurück zum letzten Bildschirm, indem Sie oben rechts auf **Fertig** tippen. Treffen Sie Ihre Auswahl, indem Sie auf **Ortungsdienste aktivieren** oder **Ortungsdienste deaktivieren** tippen. Wir empfehlen Ihnen, die Ortungsdienste einzuschalten.

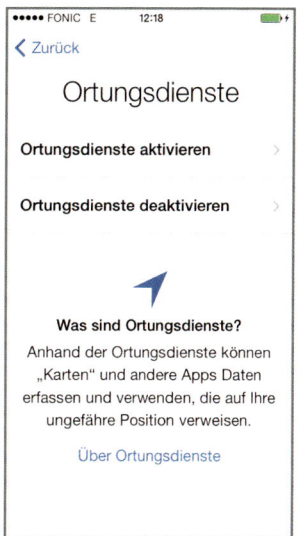

Ortungsdienst aktivieren

Kennwort der Apple-ID eingeben

Im nächsten Schritt des Einrichtungsassistenten auf dem iPhone werden Sie dazu aufgefordert, Ihre Apple-ID festzulegen. Da Sie ja bereits am Computer eine Apple-ID erstellt haben, tippen Sie hier auf **Mit Ihrer Apple-ID anmelden**. Es kann nun einige Sekunden dauern, bis der nächste Bildschirm angezeigt wird. Hier wurde in das Feld *Apple-ID* bereits die E-Mail-Adresse bzw. Apple-ID eingetragen, mit der Sie bei iTunes auf dem Computer angemeldet sind. Geben Sie in das Feld **Kennwort** das zu Ihrer Apple-ID gehörende Kennwort ein. Falls Sie nicht genau wissen, wie Sie die automatisch eingeblendete Bildschirmtastatur verwenden, können Sie sich darüber weiter hinten im Buch informieren. Tippen Sie oben rechts auf **Weiter**. Auch jetzt kann es einige Sekunden dauern, bis der nächste Schritt des Assistenten angezeigt wird.

Lesen Sie die Nutzungsbedingungen durch und bestätigen Sie diese, indem Sie unten rechts auf **Akzeptieren** tippen. Sie müssen nun in einer Einblendung erneut bestätigen, dass Sie mit den Nutzungsbedingungen von iOS, iCloud und Game Center sowie den Datenschutzbestimmungen von Apple einverstanden sind. Tippen Sie dazu erneut auf **Akzeptieren**. Ihre Apple-ID wird nun mit dem iPhone verknüpft. Dieser Vorgang kann einige Minuten dauern.

Nutzungsbedingungen und iCloud-Verwendung zustimmen

Im nächsten Schritt müssen Sie entscheiden, ob Sie *iCloud*, den Cloud-Dienst von Apple, verwenden wollen oder nicht. Wir empfehlen Ihnen, der Verwendung von iCloud zuzustimmen. Der Dienst ist besonders dann sehr praktisch, wenn Sie über mehrere Apple-

Geräte verfügen. In diesem Fall haben Sie automatisch Zugriff auf Musik, Fotos, Kontakte, den Kalender usw. – auf allen Geräten. Auch bei nur einem Apple-Gerät ist iCloud empfehlenswert, da über diesen Dienst ein automatisches Backup Ihrer Daten realisiert werden kann. Tippen Sie auf **iCloud verwenden**. Falls Sie sich gegen iCloud entscheiden, tippen Sie auf **Nicht verwenden**.

Im folgenden Schritt des Assistenten müssen Sie festlegen, ob Sie die Funktion *Mein iPhone suchen* verwenden wollen oder nicht. Mithilfe der Funktion *Mein iPhone suchen* können Sie Ihr Gerät orten, fernsperren und löschen, falls Sie es verlieren sollten. Außerdem haben es dann Diebe schwerer, ein gestohlenes iPhone erneut zu aktivieren, da zuvor Ihre Apple-ID und das zugehörige Kennwort eingegeben werden müssen. Wir empfehlen Ihnen die Funktion zu aktivieren. Tippen Sie hierzu auf **Verwenden**.

Funktion "Mein iPhone suchen" verwenden

Beim iPhone 5s werden Sie nun aufgefordert, *Touch ID* einzurichten – also die Verwendung des Fingerabdrucksensors anstatt eines Codes oder Apple-ID-Kennwortes beim Einkaufen oder Entsperren des Gerätes. Wir entscheiden uns dazu, diesen Schritt zu überspringen, und tippen daher auf **Später konfigurieren**.

Im folgenden Schritt werden Sie dazu aufgefordert, einen Code zu erstellen der zum Entsperren des iPhone eingegeben werden muss. Falls Sie Ihr Gerät nicht durch einen Code beim Entsperren sichern möchten, tippen Sie auf den Link **Code nicht hinzufügen**. In diesem Fall können Sie vom Sperrbildschirm zum Home-Bildschirm wechseln, ohne einen Code eingeben zu müssen. Das ist zwar bequem, aber spielt potenziellen Dieben natürlich in die Hände. Wir empfehlen daher die Verwendung eines Sperrcodes.

Geben Sie den vierstelligen Code über die eingeblendete Nummerntastatur ein. Verwenden Sie aus Sicherheitsgründen keine naheliegenden Zahlencodes wie beispielsweise Ihr Geburtsjahr oder eine Zahlenreihe, z. B. 1234. Falls Sie dennoch einen einfach zu erratenden Code auswählen sollten, werden Sie in einer Meldung darauf hingewiesen. Sie können dann diesen von Ihnen festgelegten Code bestätigen oder ändern. Geben Sie anschließend den Code zur Kontrolle erneut ein. Auf diese Weise werden Fehler bei der Eingabe vermieden.

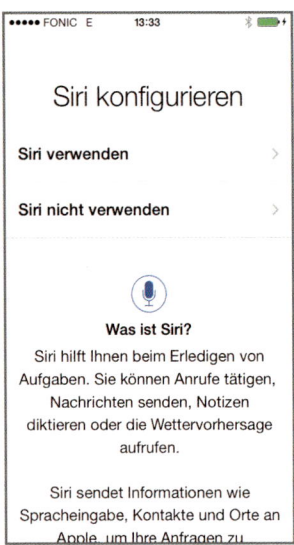

Verwendung des Programms "Siri" zustimmen

Im nächsten Schritt müssen Sie *Siri* konfigurieren. Siri ist ein Programm, das als persönlicher Assistent dient und per natürlicher Sprache gesteuert wird. Sie können damit zum Beispiel sprachgesteuert Anrufe tätigen, Nachrichten senden, Notizen diktieren oder die Wettervorhersage aufrufen. Tippen Sie auf **Siri verwenden**.

Im folgenden Schritt des Assistenten legen Sie fest, ob von Ihrem Gerät aufgezeichnete Diagnosedaten automatisch an Apple gesendet werden dürfen oder nicht. Wenn Sie dies erlauben, helfen Sie Apple, deren Dienste und Produkte zu verbessern. Sie selbst haben aber keine Nachteile, wenn Sie die Nutzungsdaten nicht an Apple übertragen lassen. Tippen Sie auf **Automatisch senden** oder **Nicht senden**.

Home-Bildschirm nach der Ersteinrichtung des iPhones

Nun werden Sie aufgefordert, Ihr Gerät bei Apple zu registrieren. Sie können dies ggf. ablehnen, indem Sie den Schalter hinter dem Text *Bei Apple registrieren* antippen und diesen so in die Position *Aus* bringen. Es spricht aber nichts dagegen, der Registrierung zuzustimmen und zum nächsten Schritt zu wechseln, indem Sie oben rechts auf **Weiter** tippen.

Die Konfiguration des iPhones ist abgeschlossen und Sie können im Schritt *Willkommen beim iPhone* auf den Link **Los geht's** tippen, um zum Home-Bildschirm des Gerätes zu wechseln.

iPhone 5c ohne iTunes per WLAN einrichten

In diesem Abschnitt gehen wir davon aus, dass Sie über ein WLAN verfügen, die entsprechenden Zugangsdaten vorliegen haben und Ihr iPhone ohne die Hilfe des Programms iTunes aktivieren bzw. einrichten möchten. Außerdem gehen wir davon aus, dass Sie noch keine Apple-ID haben und auch die dafür benötigte E-Mail-Adresse während der Einrichtung des Gerätes erstellen wollen. Wir setzen darüber hinaus eine in das iPhone eingelegte SIM-Karte voraus. Damit sichergestellt ist, dass sich das Gerät nicht während der Einrichtung aufgrund eines leeren Akkus abschaltet, sollten Sie das iPhone über das mitgelieferte Kabel und das Netzteil am Stromnetz anschließen. Damit sind die Vorbereitungen abgeschlossen.

Nachdem Sie das iPhone an das Stromnetz angeschlossen haben, wird das Gerät automatisch eingeschaltet. Sollte das bei Ihnen nicht der Fall sein, verwenden Sie dazu den Standby-Schalter.

Sie müssen nun auf dem iPhone die SIM-Karte entsperren und dazu den PIN-Code eingeben. Schalten Sie ggf. das Display des iPhone ein, indem Sie die Home-Taste oder die Setup-Taste kurz drücken. Blenden Sie anschließend den Sperrbildschirm aus, indem Sie mit dem Finger von links nach rechts über den Bildschirm streichen. Anschließend wird ein Hinweis zur gesperrten SIM-Karte auf dem

SIM-Karte entsperren durch Eingabe des PIN-Codes

Bildschirm angezeigt. Tippen Sie hier auf **Unlock** und geben Sie anschließend den PIN-Code zum Entsperren der SIM-Karte ein. Sie finden diesen Code in den Vertragsunterlagen Ihres Mobilfunkanbieters. Bestätigen Sie Ihre Eingabe, indem Sie auf **OK** direkt neben dem Eingabefeld tippen.

Nachdem die SIM-Karte entsperrt wurde, wählen Sie die Sprache aus, in der der Assistent zum Einrichten des Gerätes ausgeführt werden soll. Tippen Sie auf **Deutsch**. Legen Sie dann das Land oder die Region fest, in der das Gerät betrieben werden soll. Tippen Sie hier auf **Deutschland**.

WLAN-Netzwerk wählen und Zugangskennwort eingeben

Im nächsten Schritt des Assistenten legen Sie das WLAN-Netzwerk fest, über das Sie auf das Internet zugreifen wollen. WLAN-Netzwerke, die sich in Reichweite befinden, werden in einer Liste angezeigt. Falls das von Ihnen gewünschte Netzwerk nicht aufgelistet wird, Sie aber sicher sind, dass sich das Netzwerk in Reichweite befindet, können Sie, nachdem Sie **Anderes Netzwerk wählen** angeklickt haben, die Zugangsdaten zum Netzwerk manuell eingeben. In der Regel sollte dies aber nicht nötig sein. Tippen Sie auf das Netzwerk in der Liste, auf das Sie zugreifen wollen.

Anschließend müssen Sie das Zugangskennwort zum gewählten WLAN-Netzwerk eingeben. Bestätigen Sie Ihre Eingabe, indem Sie oben rechts auf **Verbinden** tippen.

Ortungsdienste aktivieren

Sie werden nun dazu aufgefordert, festzulegen, ob Sie die *Ortungsdienste* auf Ihrem iPhone verwenden möchten oder nicht. Die Ortungsdienste werden von vielen Apps benutzt, um Ihre ungefähre Position festzustellen, was z. B. bei der Verwendung der Karten-App sehr sinnvoll ist. Sie können sich weiter über die Ortungsdienste informieren, indem Sie unten im Bildschirm auf den Link **Über Ortungsdienste** tippen. Sie gelangen zurück zum letzten Bildschirm, indem Sie oben rechts auf **Fertig** tippen. Treffen Sie Ihre Auswahl, indem Sie auf **Ortungsdienste aktivieren** oder **Ortungsdienste deaktivieren** tippen. Wir empfehlen Ihnen, die Ortungsdienste einzuschalten.

Im nächsten Schritt des Assistenten konfigurieren Sie das iPhone. Sie legen hier fest, ob Sie das iPhone als neues iPhone einrichten möchten oder ob Sie ein über iCloud oder iTunes gespeichertes Backup wiederherstellen möchten. Durch das Wiederherstellen eines Backups können Sie beim Wechsel von einem älteren Apple-Gerät auf ein neues Gerät die persönlichen Daten und gekauften Inhalte des alten Gerätes auf das neue Gerät übertragen. In unserem Beispiel trifft dies jedoch nicht zu, daher wählen wir hier **Als neues iPhone konfigurieren**.

Als neues iPhone konfigurieren

Anschließend werden Sie dazu aufgefordert, Ihre Apple-ID festzulegen. Da wir hier davon ausgehen, dass Sie noch nicht über eine Apple-ID verfügen, wählen Sie **Gratis Apple-ID erstellen**.

Stellen Sie im nächsten Bildschirm Ihr Geburtsdatum ein. Verwenden Sie dazu die Drehelemente für den Tag, den Monat und das Jahr. Ihr Geburtsdatum ist u. a. ein Sicherheitselement, das zur Wiederherstellung Ihres Kennwortes verwendet wird, falls Sie das Kennwort vergessen. Bestätigen Sie anschließend mit **Weiter** oben rechts auf dem Bildschirm.

Geben Sie im nächsten Schritt Ihren Namen in die entsprechenden Felder ein. Bestätigen Sie auch hier mit **Weiter**.

Da zum Erstellen einer neuen Apple-ID eine E-Mail-Adresse benötigt wird, werden Sie im nächsten Schritt des Assistenten gefragt, ob Sie eine vorhandene E-Mail-Adresse dazu verwenden oder eine kostenlose E-Mail-Adresse bei iCloud beziehen möchten.

Gratis-E-Mail von iCloud erhalten

iCloud-E-Mail-Adresse erstellen

In diesem Beispiel gehen wir davon aus, dass Sie noch keine E-Mail-Adresse haben oder eine vorhandene E-Mail-Adresse nicht für Ihre Apple-ID verwenden möchten. Aktivieren Sie daher die Option **Gratis-E-Mail von iCloud**. Bestätigen Sie Ihre Auswahl, indem Sie auf **Weiter** tippen.

Geben Sie anschließend die gewünschte E-Mail-Adresse in das Feld *E-Mail* ein. Sie brauchen dazu nur den Teil vor dem @-Zeichen einzugeben. Hier bietet es sich an, Ihren Vor- und Nachnamen getrennt durch einen Punkt zu verwenden. Bestätigen Sie Ihre E-Mail-Adresse, indem Sie auf **Weiter** tippen. Falls die von Ihnen gewünschte E-Mail-Adresse bereits vergeben ist, werden Sie nun darauf hingewiesen. Passen Sie in diesem Fall Ihren Eintrag im Feld E-Mail an, indem Sie beispielsweise Ihr Geburtsjahr an Ihren Nachnamen anhängen. Sie sind aber bei der Gestaltung Ihrer iCloud-E-Mail-Adresse völlig frei und können auch Fantasienamen verwenden.

Nachdem Sie auf **Weiter** getippt haben und die von Ihnen gewünschte E-Mail-Adresse verwendet werden kann, wird die Adresse noch einmal in einer Meldung angezeigt. Überprüfen Sie hier die Adresse noch einmal ganz genau, da sich Ihre iCloud-E-Mail-Adresse nach dem Erstellen nicht mehr ändern lässt. Tippen Sie in der Meldung auf **Abbrechen**, um die E-Mail-Adresse noch einmal zu überarbeiten. Entspricht die Adresse Ihren Wünschen, bestätigen Sie diese, indem Sie auf **Erstellen** tippen.

Geben Sie nun das Kennwort für Ihre neue Apple-ID in die Felder **Kennwort** und **Bestätigen** ein. Das Kennwort muss mindestens acht Zeichen lang sein und eine Zahl, einen Großbuchstaben und einen Kleinbuchstaben enthalten. Verwenden Sie ein Kennwort, das nur Ihnen bekannt ist und sich nicht leicht erraten lässt. Bestätigen Sie die Kennwortvergabe mit **Weiter**.

Auf den folgenden Bildschirmen definieren Sie drei Frage/Antwort-Kombinationen, die dazu verwendet werden, Ihre Identität zu überprüfen, wenn Sie die Einstellungen für Ihre Apple-ID anpassen wollen. Wählen Sie jeweils eine der verfügbaren Fragen aus – vorzugsweise eine Frage, deren Antwort nur Sie kennen – und geben Sie die zugehörige Antwort ein. Bestätigen Sie jeweils mit **Weiter**.

Anschließend können Sie eine weitere E-Mail-Adresse angeben, die zu Sicherheitszwecken verwendet wird. Sie werden über diese E-Mail-Adresse nur kontaktiert, um Ihre Identität zu bestätigen oder ein vergessenes Kennwort zurückzusetzen. Die Angabe dieser

Frage/Antwort-Kombination und optionale E-Mail-Adresse

Adresse ist aber optional und Sie können diesen Schritt mit **Weiter** nicht nur bestätigen, sondern auch überspringen.

Falls Sie möchten, dass Apple Sie über Produkte und Dienste oder auch Software-Aktualisierungen auf dem Laufenden hält, schalten Sie im nächsten Schritt die Option **E-Mail-Updates** ein. Tippen Sie dazu auf den rechts neben dem Text angezeigten Schalter. Ist der Schalter grün hinterlegt, ist die Option aktiv. Bestätigen Sie Ihre Auswahl, indem Sie auf **Weiter** tippen.

Nutzungsbedingungen akzeptieren

Lesen Sie die Nutzungsbedingungen durch und bestätigen Sie diese, indem Sie unten rechts auf **Akzeptieren** tippen. Sie müssen nun in einer Einblendung erneut bestätigen, dass Sie mit den Nutzungsbedingungen von iOS, iCloud und Game Center sowie den

Datenschutzbestimmungen von Apple einverstanden sind. Tippen Sie dazu erneut auf **Akzeptieren**. Ihre Apple-ID wird nun mit dem iPhone verknüpft. Dieser Vorgang kann einige Minuten dauern.

iCloud verwenden

Im nächsten Schritt müssen Sie entscheiden, ob Sie iCloud, den Cloud-Dienst von Apple, verwenden wollen oder nicht. Wir empfehlen Ihnen, der Verwendung von iCloud zuzustimmen. Der Dienst ist besonders dann sehr praktisch, wenn Sie über mehrere Apple-Geräte verfügen. In diesem Fall haben Sie automatisch Zugriff auf Musik, Fotos, Kontakte, den Kalender usw. – auf allen Geräten. Auch bei nur einem Apple-Gerät ist iCloud empfehlenswert, da über diesen Dienst ein automatisches Backup Ihrer Daten realisiert werden kann. Tippen Sie auf **iCloud verwenden**. Falls Sie sich gegen iCloud entscheiden, tippen Sie auf **Nicht verwenden**.

Die Funktion "Mein iPhone suchen"

Im folgenden Schritt des Assistenten müssen Sie festlegen, ob Sie die Funktion *Mein iPhone suchen* verwenden wollen oder nicht. Mithilfe der Funktion *Mein iPhone suchen* können Sie Ihr Gerät orten, fernsperren und löschen, falls Sie es verlieren sollten. Außerdem haben es dann Diebe schwerer, ein gestohlenes iPhone erneut zu aktivieren, da zuvor Ihre Apple-ID und das zugehörige Kennwort eingegeben werden müssen. Wir empfehlen Ihnen die Funktion zu aktivieren. Tippen Sie hierzu auf **Verwenden**.

Im folgenden Schritt werden Sie dazu aufgefordert, einen Code zu erstellen, der zum Entsperren des iPhone eingegeben werden muss. Falls Sie Ihr Gerät nicht durch einen Code sichern möchten, tippen Sie auf den Link **Code nicht hinzufügen**. So können Sie vom Sperrbildschirm zum Home-Bildschirm wechseln, ohne einen Code eingeben zu müssen. Das ist zwar bequem, aber spielt potenziellen Dieben natürlich in die Hände. Wir empfehlen daher die Verwendung eines Sperrcodes.

Geben Sie den vierstelligen Code über die eingeblendete Nummerntastatur ein. Verwenden Sie aus Sicherheitsgründen keine naheliegenden Zahlencodes wie beispielsweise Ihr Geburtsjahr oder eine Zahlenreihe, z. B. 1234. Falls Sie dennoch einen einfach zu erratenden Code auswählen sollten, werden Sie in einer Meldung darauf hingewiesen. Sie können dann diesen von Ihnen festgelegten Code bestätigen oder ändern. Geben Sie anschließend den Code zur Kontrolle erneut ein. Auf diese Weise werden Fehler bei der Eingabe vermieden.

Code erstellen und Hinweis auf unsicheren Code

Im nächsten Schritt müssen Sie *Siri* konfigurieren. Siri ist ein Programm, das als persönlicher Assistent dient und per natürlicher Sprache gesteuert wird. Sie können damit zum Beispiel sprachgesteuert Anrufe tätigen, Nachrichten senden, Notizen diktieren oder die Wettervorhersage aufrufen. Tippen Sie auf **Siri verwenden**.

Im folgenden Schritt des Assistenten legen Sie fest, ob von Ihrem Gerät aufgezeichnete Diagnosedaten automatisch an Apple gesendet werden dürfen oder nicht. Wenn Sie dies erlauben, helfen Sie Apple, deren Dienste und Produkte zu verbessern. Sie selbst haben aber keine Nachteile, wenn Sie die Nutzungsdaten nicht an Apple übertragen lassen. Tippen Sie auf **Automatisch senden** oder **Nicht senden**.

Verwendung des Programms "Siri" zustimmen

Die Konfiguration des iPhones ist abgeschlossen und Sie können im Schritt *Willkommen beim iPhone* auf den Link **Los geht's** tippen, um zum Home-Bildschirm des Gerätes zu wechseln.

Da das von Ihnen eingerichtete Gerät über einen WLAN-Zugang zum Internet verfügt und an die Stromversorgung angeschlossen ist, kann es sein, dass Sie gleich beim ersten Anzeigen des Home-Bildschirms auf ein verfügbares System-Update hingewiesen werden.

Home-Bildschirm, Hinweis auf Softwareaktualisierung

Nachdem Sie in dem Hinweis auf **Details** getippt haben, können Sie die Installation des Updates veranlassen. Wollen Sie das Update nicht installieren, tippen Sie auf **Schließen**.

iPad mini als Zweitgerät per WLAN einrichten

In diesem Abschnitt gehen wir davon aus, dass Sie über ein WLAN verfügen, die entsprechenden Zugangsdaten vorliegen haben und ein iPad mini ohne die Hilfe des Programms iTunes aktivieren bzw. einrichten möchten. Außerdem gehen wir davon aus, dass Sie bereits eine Apple-ID haben und das iPad als weiteres Gerät an diese binden möchten. Die Verwendung eines iPad mini dient hier lediglich als Beispiel für das Einrichten eines Zweitgerätes. Sie könnten dazu selbstverständlich auch ein "normales" iPad oder ein weiteres iPhone verwenden. Außerdem ist der Vorgang selbst sehr ähnlich wie das Einrichten eines Erstgerätes – wichtigste Gemeinsamkeit ist die Verwendung eines WLAN. Bei der Beschreibung halten wir uns daher recht kurz. Detailinformationen zu den einzelnen Schritten erhalten Sie im vorhergehenden Abschnitt.

iPad mini einrichten: Sprache auswählen

Noch ein Hinweis: Wir verwenden ein iPad, auf dem iOS 6 als Betriebssystem vorinstalliert ist. So haben wir die Möglichkeit, Ihnen im nächsten Abschnitt zu zeigen, wie Sie beim Aktualisieren des Gerätes auf Version 7 von iOS vorgehen. Auf die Vorgehensweise beim Einrichten des Gerätes hat das – bis auf einige optische Details – keinen Einfluss.

Wenn Sie das iPad an das Stromnetz angeschlossen haben, wird das Gerät automatisch eingeschaltet. Sollte das bei Ihnen nicht der Fall sein, verwenden Sie dazu den Standby-Schalter. Dies gilt auch, falls Sie die Einrichtung durchführen, ohne das Gerät an die Stromversorgung anzuschließen.

Nachdem Sie den Sperrbildschirm ausgeblendet haben, indem Sie den Schieberegler bzw. den Bildschirm mit dem Finger verschoben haben, wählen Sie die Sprache aus, in der der Assistent zum Einrichten des Gerätes ausgeführt werden soll. Tippen Sie auf **Deutsch**. Legen Sie dann das Land oder die Region fest, in der das Gerät betrieben werden soll. Tippen Sie hier auf **Deutschland**.

Im nächsten Schritt des Assistenten legen Sie das WLAN-Netzwerk fest, über das Sie auf das Internet zugreifen wollen. Wählen Sie dazu das gewünschte Netzwerk in der Liste aus und geben Sie anschließend das zugehörige Kennwort ein. Ist die Einrichtung des WLANs abgeschlossen, werden Sie im nächsten Schritt dazu aufgefordert, den Ortungsdienst einzuschalten.

Im folgenden Schritt legen Sie fest, ob Sie das Gerät als neues Gerät anlegen oder ein bestehendes iCloud- oder iTunes-Backup zurückspielen möchten. Wir wählen hier die Option **Als neues iPad konfigurieren**.

Gerät als neues iPad konfigurieren

Im nächsten Schritt legen Sie fest, dass das Gerät mit einer bestehenden Apple-ID verbunden werden soll. Wählen Sie dazu die Option **Mit einer Apple-ID anmelden**. Geben Sie anschließend die gewünschte Apple-ID und das zugehörige Kennwort ein. Bestätigen Sie dann die Nutzungsbedingungen. Anschließend wird die Apple-ID auf dem Gerät eingerichtet bzw. das Gerät an die eingegebene ID gebunden.

Vorhandene Apple-ID verwenden

Bestimmen Sie im nächsten Schritt, ob ein Backup des Gerätes über iCloud im Internet oder über iTunes auf dem Computer gespeichert werden soll. Wir haben ja bereits mehrfach erwähnt, wie praktisch die iCloud ist, daher wählen wir hier die Option **iCloud-Backup**.

Im folgenden Schritt des Assistenten legen Sie fest, ob Sie die Funktion *iPad suchen* verwenden wollen. Wir aktivieren hier die Option **Verwenden** und stimmen im nächsten Schritt ebenfalls der Verwendung von *Siri* zu.

In den Schritten *Diagnose* und *Registrierung* bestimmen Sie, ob Sie Nutzungsdaten des Gerätes an Apple übertragen und das Gerät zusammen mit der Apple-ID registrieren wollen, um aktuelle Produktinformationen und schnelleren Zugang zum Support zu erhalten. Wir wählen hier **Nicht senden** bzw. schalten die Option **Bei Apple registrieren** aus. Abschließend erhalten Sie eine Meldung darüber, dass die Konfiguration des Gerätes abgeschlossen ist, und können mit **iPad – los geht's** zum Home-Bildschirm des Gerätes wechseln.

Da in unserem Beispiel das iPad als weiteres Gerät zu einer bereits bestehenden Apple-ID hinzugefügt wurde, können Sie nun gemeinsame Daten auf beiden Geräten verwenden, beispielsweise Kontakte oder freigegebene Fotos.

Update auf iOS 7 durchführen

Auf einem iPhone 5c oder 5s ist standardmäßig bereits die Version 7 des Betriebssystems iOS installiert. Verwenden Sie dagegen ein älteres Gerät, müssen Sie dieses zunächst aktualisieren, um iOS 7 verwenden zu können.

Um ein Gerät auf die aktuellste iOS-Version zu bringen, schließen Sie dieses entweder mithilfe des mitgelieferten Kabels an einen Computer an, starten ggf. iTunes und folgen den Bildschirmanweisungen. Oder Sie aktualisieren das Gerät über ein WLAN. In diesem Fall benötigen Sie keinen Computer dafür. Wir führen das Update hier im Beispiel über eine WLAN-Verbindung zum Internet durch. Abhängig von der derzeit auf Ihrem Gerät installierten Version des Betriebssystems können die nachfolgenden Beschreibungen etwas abweichen, prinzipiell sollten Sie das Geschehen aber nachvollziehen können.

Wechseln Sie zunächst zu den Einstellungen, indem Sie auf das Symbol **Einstellungen** auf dem Home-Bildschirm tippen. Die App *Einstellungen* wird gestartet. Tippen Sie hier unter *Allgemein* auf **Softwareaktualisierung**. Anschließend wird nach verfügbaren Updates gesucht.

Falls eine Aktualisierung für das Betriebssystem gefunden wurde, werden Informationen dazu unter *Softwareaktualisierung* angezeigt.

Tippen Sie auf die Schaltfläche **Laden und installieren**, um den Vorgang zu starten. Bestätigen Sie anschließend die Nutzungsbedingungen, indem Sie auf **Akzeptieren** tippen. Bestätigen Sie auch die daraufhin angezeigte Meldung mit **Akzeptieren**.

Softwareaktualisierung laden und installieren

Der Download des Updates wird durchgeführt

Falls Sie das Gerät nicht an die Stromversorgung angeschlossen haben, werden Sie in einer weiteren Mitteilung darauf hingewiesen. Sicherheitshalber sollten Sie die Aktualisierung nur bei angeschlossener Stromversorgung durchführen und diese daher zunächst mit **Später** abbrechen. Falls Sie sicher sind, dass der Akku des Gerätes ausreichend geladen ist, können Sie den Aktualisierungsvorgang aber auch mit **Weiter** fortsetzen.

Der Downloadvorgang für das Update beginnt und wird in den Detailinformationen unter *Softwareaktualisierung* grafisch dargestellt. Anschließend wird das Update vorbereitet, was einige Zeit in Anspruch nimmt. Wenn dieser Vorgang abgeschlossen ist, schaltet sich das Gerät automatisch aus, wird neu gestartet und das Update dabei ausgeführt. Auch dieser Vorgang dauert seine Zeit …

Nach einem weiteren Neustart erhalten Sie eine Meldung, dass das Update abgeschlossen wurde und nur noch wenige weitere Schritte erforderlich sind, um das Gerät mit dem aktualisierten Betriebssystem zu verwenden. Bei diesen Schritten handelt es sich um Einstellungen, die auch bei einer Neuinstallation eines Gerätes (in unserem Beispiel iPad mini) vorgenommen werden müssten.

So müssen Sie zunächst festlegen, ob Sie die *Ortungsdienste* verwenden wollen. Anschließend erfolgt die Eingabe des Kennwortes für die verwendete Apple-ID und Sie müssen die Einstellungen für *iMessage* und *FaceTime* festlegen. Detailinformationen zu diesen Funktionen lesen weiter hinten im Buch.

Damit die in iOS 7 hinzugekommene Funktion *Mein iPad suchen* sinnvoll funktioniert, sollten Sie Ihr Gerät durch einen Code für den Sperrbildschirm schützen. Das Festlegen dieses Codes wurde daher an dieser Stelle in den Assistenten integriert. Geben Sie einen vierstelligen Zifferncode ein und bestätigen Sie diesen.

Legen Sie anschließend fest, ob Sie das Gerät zusammen mit der entsprechenden Apple-ID bei Apple registrieren lassen wollen. Danach erhalten Sie eine Willkommensmeldung und können nach dem Antippen von **Los geht's** das Gerät mit der neuen Version des Betriebssystems verwenden.

iOS 7 mit Home-Bildschirm auf iPad mini

Sicherheit: die PIN der SIM-Karte

Zu den Dingen, die nach der Ersteinrichtung eines Smartphones Beachtung finden sollten, gehört auf jeden Fall die PIN der SIM-Karte. Diese Nummer wird vom Mobilnetzbetreiber für jede vergebene SIM-Karte definiert und dem Kunden per Anschreiben mitgeteilt. Die PIN muss vom Anwender nach dem Einschalten oder einem Neustart des Telefons eingegeben werden, damit über die verwendete SIM-Karte telefoniert werden kann.

Bei jedem neuen Mobilfunkvertrag und der damit verbundenen neuen SIM-Karte erhalten Sie also eine neue PIN. Es ist vielleicht nicht immer einfach, diese (neue) Nummer auswendig zu kennen

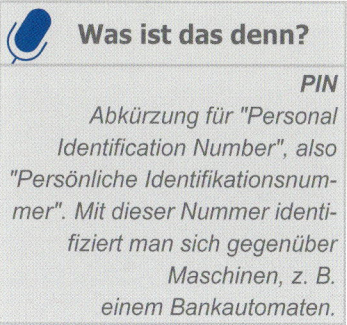

Was ist das denn?

PIN
Abkürzung für "Personal Identification Number", also "Persönliche Identifikationsnummer". Mit dieser Nummer identifiziert man sich gegenüber Maschinen, z. B. einem Bankautomaten.

und in der Regel haben Sie nur drei Versuche, die PIN korrekt einzugeben, bevor die SIM-Karte gesperrt wird. Daher gibt es die Möglichkeit, eine eigene PIN für die SIM-Karte zu definieren. Die vom Mobilfunkbetreiber vergebene PIN wird dabei ungültig.

Sie finden die Option zum Festlegen der PIN in der App *Einstellungen*. Hier aktivieren Sie den Eintrag **Telefon**. Relativ weit unten in der Liste der Telefonoptionen finden Sie den Eintrag **SIM-PIN**.

Nachdem Sie diesen aktiviert haben, können Sie über den Schalter **SIM-PIN** festlegen, ob überhaupt eine PIN für die SIM-Karte verwendet werden soll. Außerdem lässt sich dort über **PIN ändern**, eine neue PIN festlegen.

Ändern der SIM-PIN

Geben Sie dazu zunächst die aktuell gültige PIN ein und anschließend die von Ihnen gewünschte. Danach müssen Sie die neue, von Ihnen vergebene PIN zur Überprüfung noch einmal eingeben. Wenn das erledigt ist, ist das Ändern der PIN abgeschlossen und Sie können durch Drücken der Home-Taste zum Home-Bildschirm zurückkehren.

Grundsätzliche Bedienung

In diesem Abschnitt erfahren Sie mehr über die Bedienung Ihres iPhones oder iPads. Wir zeigen Ihnen die wichtigsten Fingergesten, mit denen Sie das Gerät über den berührungsempfindlichen Bildschirm – den Touchscreen – steuern. Außerdem lernen Sie, wie Sie die Home-Taste und die Navigationsleiste innerhalb von Apps zum Steuern des Gerätes benutzen. Auch um die Verwaltung bzw. Anordnung der auf dem Home-Bildschirm angezeigten Icons für Apps wollen wir uns kümmern.

Die offensichtlichsten Bedienelemente

Der Touchscreen mit der App "Wetter"

Neben den bereits weiter oben beschriebenen Tasten für die Lautstärkeeinstellung und dem Standby-Schalter gibt es zwei weitere grundsätzliche Bedienelemente, die bei jedem Apple-Gerät vorhanden sind: die Home-Taste und der Touchscreen.

Die Home-Taste

Die Home-Taste befindet sich unterhalb des Bildschirms und ein Druck darauf bringt Sie immer zurück zum Hauptbildschirm des Gerätes, zum sogenannten *Home-Bildschirm*. Die beim Drücken der Home-Taste aktive App wird dabei nicht beendet, sondern läuft im Hintergrund weiter. Falls Sie innerhalb einer App zum vorherigen Bildschirm wechseln möchten, können Sie dazu also nicht die Home-Taste verwenden. In der Regel wird dazu innerhalb der App am oberen Rand des Bildschirms eine Navigationsleiste angezeigt, über deren Optionen Sie zu anderen Bildschirmen der jeweiligen App wechseln können. Wie genau diese Leiste gestaltet ist, hängt aber von der jeweiligen App ab.

Was ist das denn?

Home-Bildschirm
Vom Home-Bildschirm aus werden alle Aktivitäten auf dem Gerät gestartet. Auf ihm sind Symbole für die einzelnen Apps abgelegt. iOS-Geräte verfügen über mehrere Home-Bildschirme, zwischen denen gewechselt werden kann. Das Aussehen des Home-Bildschirms und die Anordnung der Symbole für die Apps kann vom Anwender festgelegt werden.

Wenn Sie die Home-Taste zweimal kurz hintereinander betätigen, wird die Liste aller derzeit ausgeführten Apps angezeigt. Über diese Liste können Sie zwischen aktiven Apps wechseln oder auch einzelne Apps beenden.

Wenn Sie die Home-Taste einen Moment gedrückt halten, wird entweder *Siri* – der mit natürlicher Sprache gesteuerte persönliche Assistent – oder die *Sprachsteuerung* gestartet. Welche der beiden Möglichkeiten zur Sprachsteuerung aktiv ist, hängt von Ihren Einstellungen ab. Wenn Siri eingeschaltet ist, ist die Sprachsteuerung automatisch deaktiviert – was aber kein Problem darstellt, da Siri alle Befehle der Funktion *Sprachsteuerung* ebenfalls beherrscht.

Der Touchscreen

Der Touchscreen Ihres iPhones oder iPads hat im Wesentlichen zwei Funktionen. Zum einen werden auf ihm natürlich die Inhalte dargestellt, also die Bedienoberfläche, Apps, Fotos oder Videos usw. Zum anderen dient er über verschiedene Fingergesten zum Eingeben von Befehlen. Außerdem wird bei Bedarf eine Tastatur eingeblendet, die ebenfalls mit den Fingern bedient wird.

Die am häufigsten verwendeten Fingergesten:

Einfaches Antippen:
Tippen Sie mit dem Finger kurz auf die gewünschte Stelle des Bildschirms, z. B. das Symbol für eine App auf dem Home-Bildschirm. Häufig werden durch diese Geste Befehle ausgeführt, beispielsweise eine App gestartet oder ein Buchstabe über die Bildschirmtastatur eingegeben.

Doppeltes Antippen:
Tippen Sie mit dem Finger kurz nacheinander zwei Mal auf dieselbe Stelle des Bildschirms. Diese Geste wird häufig dazu verwendet, Bildschirminhalt – z. B. eine Textspalte auf einer Webseite – an die maximale zur Verfügung stehende Bildschirmgröße anzupassen.

Langes Antippen (Finger auf Element "legen"):
Tippen Sie auf die gewünschte Stelle des Bildschirms und lassen Sie die Berührung einige Zeit bestehen. Abhängig vom angetippten Bildschirmelement erhalten Sie unterschiedliche Reaktionen – das Element wird beispielsweise markiert oder es wird ein Menü eingeblendet.

Ziehen:
Tippen Sie auf ein Bildschirmelement, halten Sie die Berührung bei und bewegen Sie das Element mit dem Finger in die gewünschte Richtung. Wird beispielsweise verwendet, um den Inhalt der *Mitteilungszentrale* anzuzeigen, indem diese nach unten gezogen wird.

 Was ist das denn?

Mitteilungszentrale
Ist ein Element, das durch Ziehen vom oberen Bildschirmrand her eingeblendet werden kann. In der Mitteilungszentrale werden Sie beispielsweise über verpasste Telefonanrufe, eingegangene E-Mail- bzw. Text-Nachrichten, das aktuelle Wetter, Börsenkurse oder anstehende Termine in Ihrem Kalender informiert. Tippen Sie auf die gewünschte Benachrichtigung, um die zugehörige App, z. B. die Wetter-App oder den Kalender, zu starten oder einen Anrufer, dessen Anruf Sie verpasst haben, mithilfe der Telefon-App zurückzurufen. Mit den Standard-Einstellungen können Sie die Mitteilungszentrale auch vom Sperrbildschirm aus erreichen.

Wischen:
Bewegen Sie den Finger waagerecht oder senkrecht zügig über den Bildschirm, ohne eine exakte Position zu beachten. Diese Geste wird häufig verwendet, um Bildschirminhalte in die entsprechende Richtung zu verschieben, z. B. beim "Blättern" auf einer Webseite.

Zoom:
Zoomen wird verwendet, um Bildschirminhalte – z. B. ein Foto – in der Darstellungsgröße anzupassen. Sie verwenden dazu zwei Finger gleichzeitig: Berühren Sie den Bildschirm mit aneinandergelegtem Daumen und Zeigefinger und führen Sie die Finger voneinander weg, um die Darstellung zu vergrößern. Berühren Sie dagegen den Bildschirm mit voneinander entferntem Daumen und Zeigefinger und führen Sie diese aufeinander zu, um die Darstellung zu verkleinern. Diese Gesten werden häufig auch *Pinch-out* und *Pinch-in* genannt.

Drehen:
Berühren Sie den Bildschirm mit zwei Fingern, z. B. dem Zeige- und Mittelfinger und führen Sie eine kreisförmige Bewegung aus. Auf diese Weise wird der Bildschirminhalt, beispielsweise ein Foto, in der entsprechenden Richtung gedreht.

Texteingabe per Tastatur

Wenn Sie auf ein Feld zum Eingeben von Text tippen, wird automatisch eine Bildschirmtastatur eingeblendet. Die Tastatur steht also nicht ständig zur Verfügung, sondern lediglich dann, wenn diese auch sinnvoll eingesetzt werden kann. Grundsätzlich werden die einzelnen Buchstaben durch Tippen mit dem Finger eingegeben. Der jeweilige Buchstabe wird vor dem Loslassen hervorgehoben, um Ihnen die Möglichkeit der Kontrolle zu geben. Sollten Sie den falschen Buchstaben erwischt haben, ziehen Sie Ihren Finger einfach, ohne abzusetzen auf den korrekten Buchstaben. Die Eingabe erfolgt erst, wenn Sie den Finger oder Daumen von der Taste nehmen.

Die Bildschirmtastatur während der Eingabe einer Notiz

Verwenden Sie die *Zifferntaste*, um Ziffern und einige Sonderzeichen auf der Tastatur einzublenden. Drücken Sie die Taste für *Sonderzeichen*, um noch mehr Sonderzeichen über die Tastatur eingeben zu können. Drücken Sie die *Buchstabentaste*, um zum Standardlayout der Tastatur zurückzukehren. Sie können besonders schnell einen Punkt und ein Leerzeichen am Satzende eingeben, indem Sie zweimal hintereinander die Taste *Leerzeichen* drücken. Drücken Sie die Taste *Löschen*, um eingegebene Zeichen wieder zu entfernen.

Standardmäßig wird am Anfang einer neuen Zeile oder nach einem Punkt automatisch mit einem Großbuchstaben weitergeschrieben bzw. die Umschalttaste automatisch gedrückt. Sie können die Umschalttaste aber auch manuell betätigen. Nachdem Sie anschließend einen Großbuchstaben eingegeben haben, wird die Umschalttaste automatisch wieder deaktiviert und die nachfolgend eingegebenen Buchstaben erscheinen wieder klein. Tippen Sie zweimal auf die Umschalttaste, wenn Sie möchten, dass diese dauerhaft aktiv bleibt und somit zur Feststelltaste wird. Tippen Sie erneut auf die Taste, um die Feststelltaste wieder auszuschalten.

Korrekturvorschlag während der Texteingabe

Abhängig von der verwendeten App und den Spracheinstellungen für Ihr Gerät werden während der Texteingabe Rechtschreibfehler automatisch korrigiert und Sie erhalten entsprechende Korrekturvorschläge. Sie können diese Vorschläge annehmen, indem Sie ein Leerzeichen oder ein Satzzeichen eingeben oder auf die *Eingabetaste* tippen. Wenn Sie einen Vorschlag ablehnen möchten, tippen Sie auf das eingeblendete "X". Vorschläge, die mehrfach abgelehnt wurden, werden ggf. nicht mehr angezeigt.

Text bearbeiten

Sie können eingegebenen Text nachträglich bearbeiten. Legen Sie dazu Ihren Finger auf ein Textobjekt. Die Lupe wird eingeblendet und der Textausschnitt entsprechend vergrößert. Bewegen Sie im vergrößerten Ausschnitt die Einfügemarke an die gewünschte Position. Sie können nun Zeichen löschen und anschließend die korrekten Zeichen eingeben.

Tippen Sie auf die Einfügemarke, um die Auswahloptionen anzuzeigen. Tippen Sie auf **Auswählen**, um das Wort, in dem die Einfügemarke steht, zu markieren. Tippen Sie auf **Alles**, um den gesamten Text zu markieren. Sie können auch doppelt auf ein Wort tippen, um es zu markieren. Am Start und am Ende der Markierung werden Aktivpunkte eingeblendet, über die Sie die Größe der Markierung anpassen können. Ausgewählter Text lässt sich ausschneiden oder kopieren bzw. an der Position der Einfügemarke einfügen. Abhängig von der verwendeten App können Sie ausgewählten Text auch formatieren, ihn also fett oder kursiv setzen oder unterstreichen. Um den letzten Bearbeitungsvorgang zu widerrufen, schütteln Sie das iPhone und wählen anschließend **Widerrufen**.

Markierter Text, Aktivpunkte und Auswahloptionen

Texteingabe per Sprache

Wenn Sie in den Einstellungen *Siri* – den mit natürlicher Sprache gesteuerten Assistenten – aktiviert haben und über eine Internetverbindung verfügen, können Sie Text und Satzzeichen auch eingeben, indem Sie den gewünschten Text diktieren.

Tippen Sie dazu zunächst auf die Taste mit dem Mikrofon. Sprechen Sie anschließend den Text, den Sie eingeben möchten, und schließen Sie den Vorgang durch Antippen von **Fertig** ab. Bitte beachten Sie, dass dabei – abhängig von Ihrem Mobilfunkvertrag – Kosten für die mobile Datenübertragung entstehen können. Auf diese Weise lassen sich beispielsweise SMS-Nachrichten schnell und unkompliziert erstellen. Es ist erstaunlich, wie gut die Spracherkennung funktioniert. Probieren Sie das unbedingt einmal aus …

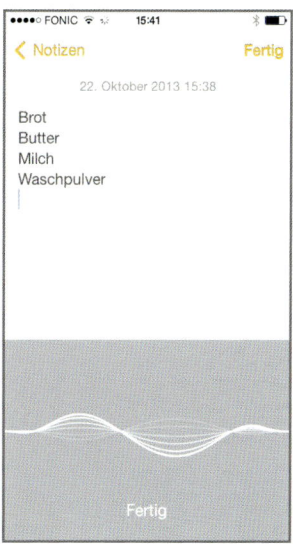
Text diktieren

Home Sweet Home – der Home-Bildschirm

Bei iPhone und iPad wird der Hauptbildschirm als *Home-Bildschirm* bezeichnet. Dieser "Heimat-Bildschirm" stellt die oberste Ebene der Benutzeroberfläche dar. Vom *Home-Bildschirm* aus erreichen Sie in der Regel alle Funktionen Ihres Apple-Gerätes. Für jede installierte App finden Sie auf dem Home-Bildschirm ein Symbol bzw. Icon.

Home-Bildschirm-Aufteilung in Zeilen und Spalten

Der Home-Bildschirm ist in Zeilen und Spalten eingeteilt, die die Symbole enthalten. Wie viele Zeilen und Spalten es gibt, ist vom jeweiligen Gerät abhängig. iPads können durch ihre Größe mehr Icons in einer Zeile anzeigen und bieten auch mehr Spalten als ein iPhone. Darüber hinaus wird die Anordnung der Symbole beim iPad auch an die Ausrichtung des Gerätes angepasst. Beim iPhone ist das nicht der Fall, hier bleibt der Home-Bildschirm immer senkrecht ausgerichtet. Die Anzahl der verfügbaren Zeilen ist beim iPhone auch von der Geräte-Generation abhängig: Ab dem iPhone 5 haben sich das Seitenverhältnis und die Größe des Bildschirms geändert, sodass hier nun eine Zeile mehr für die Anordnung der Symbole auf dem Home-Bildschirm zur Verfügung steht.

Damit Sie auf einem Gerät mehr Apps installieren können, als Icons auf den Bildschirm passen, können mehrere Home-Bildschirme vorhanden sein. Sie wechseln zwischen den einzelnen Home-Bildschirmen, indem Sie diese mit dem Finger nach links oder rechts verschieben.

Die unterste Zeile auf dem Bildschirm wird als *Dock* bezeichnet und enthält Symbole für Funktionen, die besonders häufig verwendet werden. Standardmäßig sind dies *Telefon*, *Mail*, *Safari* und *Musik*. Das Dock und die darin enthaltenen Icons bleiben beim Wechsel des Home-Bildschirms erhalten und stehen dadurch von jedem Home-Bildschirm aus zur Verfügung.

Zwischen dem Dock und den restlichen Symbolen auf dem Home-Bildschirm wird die Anzahl der verfügbaren Home-Bildschirme durch Punkte dargestellt. Der Punkt für den gerade aktiven Home-Bildschirm ist hervorgehoben.

Apps starten und beenden

In diesem Abschnitt zeigen wir Ihnen, wie Sie eine App aufrufen und diese bei Bedarf auch wieder beenden, gehen dabei jedoch noch nicht auf die Funktionen und die Bedienung der einzelnen Apps ein.

Das Starten einer App ist ganz einfach: Tippen Sie auf das Symbol für die App auf dem Home-Bildschirm. Die von Ihnen ausgewählte Anwendung wird gestartet und am Bildschirm angezeigt. Um eine weitere App auszuführen, muss die aktuell gestartete Anwendung nicht zuvor beendet werden. Wechseln Sie einfach über die Home-Taste zurück zum Home-Bildschirm. Anschließend können Sie wie beschrieben eine weitere App starten.

Wenn Sie die Home-Taste verwenden, wird die aktuell laufende App nicht beendet, sondern lediglich ausgeblendet. Abhängig von der jeweiligen App wird diese gegebenenfalls im Hintergrund weiter ausgeführt, zum Beispiel bei einer App, die Sie an die Einnahme von Medikamenten erinnern soll. Die meisten Apps werden beim Ausblenden über die Home-Taste jedoch pausiert und behalten ihren Status so lange bei, bis Sie wieder aktiviert werden.

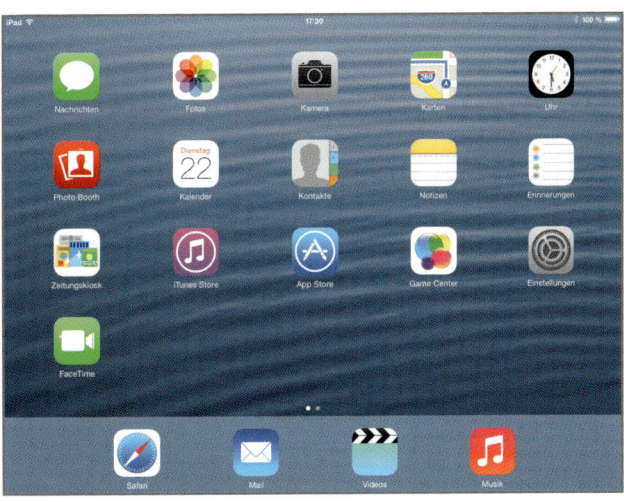

Symbole für Apps auf dem Home-Bildschirm des iPads

Wenn Sie also beispielsweise ein Spiel ausblenden, können Sie es an derselben Position weiterspielen, nachdem Sie es wieder eingeblendet haben. Sie blenden eine bereits laufende

App wieder ein, indem Sie erneut auf das zugehörige Symbol auf dem Home-Bildschirm tippen.

Eine Alternative dazu stellt die *Liste der derzeit aktiven Apps* dar. Sie zeigen diese Liste an, indem Sie zweimal kurz hintereinander auf die Home-Taste drücken. Innerhalb der Liste werden für jede aktive App deren Symbol und eine Vorschau auf den Inhalt der App angezeigt. Sie können nach links oder rechts durch die Liste blättern, indem Sie mit dem Finger in die entsprechende Richtung wischen. Tippen Sie auf die jeweilige Vorschau oder das zugehörige Symbol, um zur gewünschten App zu wechseln. Die Liste wird ausgeblendet und stattdessen die gewählte App angezeigt.

Die Liste der derzeit aktiven Apps

Prinzipiell können Sie beliebig viele Apps gleichzeitig laufen lassen. Dabei werden natürlich die Ressourcen des verwendeten Gerätes belastet, z. B. der Arbeitsspeicher. Daher ist es durchaus sinnvoll, Apps, die Sie momentan nicht weiter benötigen, nicht nur auszublenden, sondern vollständig zu beenden. Das Beenden einer App bietet sich auch dann an, wenn die App nicht mehr wie erwartet funktioniert oder möglicherweise gar nicht mehr auf Eingaben reagiert.

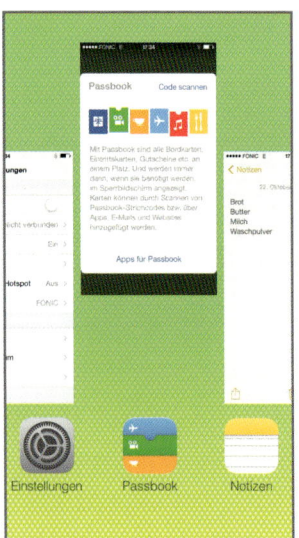

App durch "Herausschieben aus der Liste" beenden

Hier hilft ebenfalls die Liste der derzeit aktiven Apps weiter. Diese Liste wird nicht nur dazu verwendet, zwischen den Apps zu wechseln. Vielmehr können Sie eine App darüber auch beenden. Rufen Sie dazu die Liste zunächst durch zweimaliges Drücken der Home-Taste auf, zeigen Sie anschließend die App, die Sie beenden möchten, in der Liste an und schieben Sie deren Vorschau nach oben aus der Liste heraus. Die App wird beendet, die Liste der aktiven Apps bleibt aber weiterhin angezeigt. Sie können nun bei Bedarf weitere Apps auf die beschriebene Weise beenden oder über die Liste zu einer der aktiven Apps wechseln. Alternativ zeigen Sie durch Drücken der Home-Taste den Home-Bildschirm an.

Ordnung auf dem Home-Bildschirm: Apps verwalten und Icons anordnen

Wie wir ja bereits weiter oben erwähnt haben, besteht der Home-Bildschirm Ihres iPhones oder iPads aus mehreren Seiten, zwischen denen Sie durch Wischen wechseln können, und ist in Spalten und Zeilen eingeteilt, die ein Gitter bilden. Die Reihenfolge der auf dem Home-Bildschirm angezeigten Symbole bzw. Icons lässt sich frei festlegen. Die Position der Symbole ist dabei an das Gitter gebunden und es ist nicht möglich, auf einer Seite "Lücken" zu lassen. Das Hinzufügen weiterer Seiten zum Home-Bildschirm ist jedoch problemlos möglich und eine Seite des Home-Bildschirms muss auch nicht vollständig mit Symbolen gefüllt sein, damit eine neue Seite hinzugefügt werden kann. Die Positionierung der Symbole auf dem Home-Bildschirm lässt sich also in gewissen Grenzen frei an Ihre Vorstellungen anpassen.

Um die Übersichtlichkeit zu erhöhen, ist es außerdem möglich, Ordner anzulegen und darin mehrere Icons zu sammeln. Beispielsweise können Sie einen Ordner *Spiele* erstellen und darin mehrere Symbole für Spiele-Apps ablegen.

Selbstverständlich ist es auch möglich, Icons und auch Ordner vom Home-Bildschirm zu entfernen. Die Apps, deren Symbole Sie vom Home-Bildschirm löschen, werden dabei auch vom Gerät entfernt bzw. deinstalliert und es wird der entsprechende Speicherplatz freigegeben. Sollten Sie zu einem späteren Zeitpunkt erneut auf eine zuvor gelöschte App zugreifen wollen, müssen Sie diese noch einmal aus dem Apps Store herunterladen. Apps, die Sie gekauft haben, müssen Sie dabei nicht erneut bezahlen.

Sortierung der Symbole auf Home-Bildschirm anpassen

Icons für Apps anordnen

Das Anordnen von auf dem Home-Bildschirm vorhandenen Icons ist intuitiv: Legen Sie Ihren Finger dazu so lange auf ein Icon, bis die Symbole auf dem Home-Bildschirm anfangen zu wackeln.

Dadurch wird angezeigt, dass der Home-Bildschirm in den Bearbeiten-Modus geschaltet wurde. Ziehen Sie nun das Icon, das Sie verschieben möchten, an die gewünschte Position. Sie können dabei auch von einer Seite des Home-Bildschirms zur nächsten wechseln. Ziehen Sie das Icon dazu an den Rand des Bildschirms. Daraufhin wird die nächste Seite angezeigt und Sie können das Icon dort platzieren.

Icons für Apps, die Sie besonders häufig benötigen, können Sie im Dock – der untersten Zeile auf dem Home-Bildschirm – platzieren. Sie müssen dafür jedoch ggf. zunächst im Dock Platz schaffen, indem Sie eins der dort bereits platzierten Symbole an eine andere Position auf dem Bildschirm ziehen. Im Dock findet nur eine begrenzte Anzahl von Icons Platz.

Icon aus dem Dock entfernen, um Platz zu schaffen

Wenn Sie alle Symbole wunschgemäß angeordnet haben, drücken Sie die Home-Taste, um den Vorgang abzuschließen und den Bearbeiten-Modus zu verlassen. Anschließend wackeln die Symbole nicht mehr und Sie können Ihr iPhone oder iPad wie gewohnt verwenden.

Seite zu Home-Bildschirm hinzufügen und entfernen

Im Laufe der Zeit sammeln sich viele Apps auf einem iPhone oder iPad an. Um möglichst viele Icons für diese Apps auf dem Home-Bildschirm unterbringen zu können, lässt sich die Anzahl der Seiten des Home-Bildschirms in einem vorgegebenen Rahmen anpassen: Auf dem iPhone sind beispielsweise maximal 15 Seiten möglich.

Um eine neue Seite auf dem Home-Bildschirm zu erstellen, legen Sie Ihren Finger zunächst so lange auf ein Icon, bis die Symbole auf dem Home-Bildschirm anfangen zu wackeln und dadurch anzeigen, dass Sie sich im Bearbeiten-Modus befinden. Ziehen Sie anschließend ein Symbol an den Rand der ganz rechten Home-Bildschirm-Seite und halten Sie diese Position einen Augenblick.

Daraufhin wird eine neue Seite rechts von den bestehenden Seiten erstellt und Sie können das Symbol dort platzieren. Diese Vorgehensweise funktioniert so lange, bis die Maximalanzahl für Seiten des Home-Bildschirms erreicht ist. Drücken Sie abschließend die Home-Taste.

Leere Seiten des Home-Bildschirms, die sich rechts von der letzten Seite befinden, auf der ein Icon platziert ist, werden nach dem Drücken der Home-Taste automatisch entfernt. Wenn Sie also leere Seiten löschen wollen, platzieren Sie die Symbole auf dem Home-Bildschirm so, dass sich die zu löschenden Seiten ganz rechts befinden.

Eine neue Seite zum Home-Bildschirm hinzufügen

Icons in Ordnern zusammenfassen

Um die auf dem Home-Bildschirm angezeigten Icons besser zu strukturieren, können Sie diese in Ordnern zusammenfassen. Sie öffnen einen Ordner, indem Sie diesen antippen.

Zum Erstellen eines neuen Ordners wechseln Sie zunächst in den Bearbeiten-Modus und ziehen dann eines der Icons auf ein anderes Icon. Es wird daraufhin ein Ordner angelegt, der beide Icons enthält und automatisch entsprechend der zugehörigen Apps benannt wird. Sie können den Namen des Ordners aber bei Bedarf anpassen, indem Sie bei aktivem Bearbeiten-Modus zunächst auf den betreffenden Ordner und dann auf die Bezeichnung des Ordners tippen. Geben Sie anschließend über die eingeblendete Bildschirmtastatur den gewünschten Namen für den Ordner ein.

Ein geöffneter Ordner auf dem Home-Bildschirm

Sie können weitere Icons zu dem neuen Ordner hinzufügen, indem Sie diese im Bearbeiten-Modus auf das Symbol des Ordners ziehen. Umgekehrt können Sie Icons aus einem Ordner entfernen, indem Sie den Ordner zunächst durch Antippen öffnen und das gewünschte darin enthaltene Icon auf den Home-Bildschirm ziehen. Wenn Sie auf diese Weise das letzte Symbol aus einem Ordner entfernt haben, wird der Ordner automatisch gelöscht. Ordner lassen sich mitsamt den enthaltenen Symbolen wie gewöhnlich Icons auf dem Home-Bildschirm platzieren.

Icons vom Home-Bildschirm entfernen

Apps, die zum Lieferumfang von iOS 7 gehören, können nicht deinstalliert werden. Demzufolge lassen sich auch deren Icons nicht vom Home-Bildschirm entfernen. Sie erkennen diese Icons daran, dass diese im Bearbeiten-Modus nicht durch ein Kreuz an der linken, oberen Ecke als "löschbar" gekennzeichnet sind. Apps, die Sie aus dem App Store bezogen und nachträglich installiert haben, können dagegen jederzeit wieder entfernt werden.

Wenn Sie ein Icon für eine App vom Home-Bildschirm entfernen, wird automatisch auch die zugehörige App vom iPhone oder iPad gelöscht. Dabei wird der entsprechende Speicherplatz freigegeben. Sie können eine einmal entfernte App nur dann wieder verwenden, wenn Sie diese erneut herunterladen und installieren. Apps, die Sie im Apps Store gekauft haben, müssen dabei nicht noch einmal bezahlt werden.

Apps mit Kreuz am Symbol können entfernt werden

Um ein Symbol für eine App vom Home-Bildschirm zu entfernen, wechseln Sie zunächst in den Bearbeiten-Modus. Legen Sie dazu so lange den Finger auf eins der Icons, bis die Symbole auf dem Home-Bildschirm anfangen zu wackeln. Tippen Sie anschließend auf das in der linken, oberen Ecke angezeigte Kreuz des Symbols bzw. der App, die Sie von Ihrem iPhone oder iPad entfernen möchten. Bestätigen Sie die anschließend angezeigte Sicherheitsabfrage mit **Löschen**, um die App zu deinstallieren. Tippen Sie auf **Abbrechen**, um die Deinstallation doch nicht durchzuführen. Anschließend wird die App vom Gerät entfernt oder eben nicht.

Sie können auf die beschriebene Weise weitere Apps von dem Gerät entfernen. Drücken Sie abschließend die Home-Taste, um den Bearbeiten-Modus zu beenden.

Die Spotlight-Suche

Wenn Sie Ihr iPhone oder iPad intensiv nutzen, sammeln sich auf dem Gerät in kurzer Zeit größere Datenmengen an. Manchmal ist es dann nicht ganz einfach, einen Inhalt, von dem man weiß, dass er sich auf dem Gerät befindet, aufzufinden.

Hier hilft die *Spotlight-Suche* weiter. Mit ihr können Sie das iPhone oder iPad nach verschiedenen Inhalten durchsuchen. Es lassen sich Apps, Kontakte, E-Mails, Notizen, aber auch Videos oder Sprachmemos und viele weitere Inhalte finden, die den eingegebenen Suchbegriff im Inhalt oder im Dateinamen enthalten. Wird auf dem Gerät für den eingegebenen Suchbegriff kein Element gefunden, können Sie direkt im Web oder bei Wikipedia danach suchen.

Sie starten die Spotlight-Suche, indem Sie auf einem beliebigen Home-Bildschirm mit dem Finger nach unten wischen. Dadurch werden die Bildschirmtastatur und das Suchfeld *iPhone/iPad durchsuchen* eingeblendet. Geben Sie in das Suchfeld den gewünschten Suchbegriff ein. Bereits während der Eingabe wird die Suche ausgeführt. Die gefundenen Elemente werden gruppiert im Suchergebnis aufgelistet.

Spotlight-Suche durchführen

Bewegen Sie sich ggf. durch die Suchergebnisliste und tippen Sie auf das gewünschte Element, um die gesuchte App zu starten bzw. das gesuchte Element in der zugehörigen App anzuzeigen.

Um die Spotlight-Suche zu konfigurieren, starten Sie die App *Einstellungen*. Tippen Sie auf **Allgemein** und anschließend auf **Spotlight-Suche**. Sie können nun einzelne Suchkategorien von der Suche ausnehmen, indem Sie auf die Kategorie tippen und so das zugehörige Häkchen ausschalten. Außerdem lässt sich durch Verschieben der Kategorien deren Reihenfolge im Suchergebnis anpassen.

Das Suchergebnis der Spotlight-Suche

Wichtige Funktionen und Einstellungen im Überblick

In diesem Abschnitt wollen wir Ihnen einige wichtige und häufig verwendete Funktionen und Einstellungen für Ihr iPhone oder iPad näherbringen. Sie erfahren nicht nur, wie Sie diese Funktionen ein- und ausschalten, sondern auch, welche Auswirkungen diese auf das Gerät oder die darauf installierten Apps haben.

Wir erklären Ihnen, was es mit der *Statusleiste* und dem *Kontrollzentrum* auf sich hat und wie Sie über dieses auf wichtige Gerätefunktionen zugreifen. Außerdem erfahren Sie Wissenswertes zu den Hardware-Funktionen *WLAN*, *Bluetooth* und *GPS*. Darüber hinaus lesen Sie, wie Sie Einfluss auf die Töne nehmen, die Ihr Gerät produziert. Dies betrifft die Auswahl des Klingeltons genauso wie das Einstellen der Lautstärke beim Telefonieren.

Symbole in der Statusleiste

Die Statusleiste

Die Statusleiste befindet sich ganz oben am Bildschirm und dient dazu, Informationen zum aktuellen Zustand des Gerätes anzuzeigen. In der Statusleiste werden verschiedene Gerätefunktionen durch entsprechende Symbole dargestellt. Beispielsweise gibt es ein spezielles Symbol für die WLAN-Verbindung, das gleichzeitig auch deren Stärke anzeigt. Auch die Qualität der Verbindung mit dem Mobilfunknetz wird durch ein Symbol dargestellt. Darüber hinaus werden in der Statusleiste immer die aktuelle Uhrzeit und der Ladezustand des Akkus angezeigt. Sie finden dort aber auch Symbole für Gerätefunktionen, die ggf. nur kurzzeitig aktiv sind, beispielsweise die Ortungsdienste. Diese Symbole werden nur dann angezeigt, wenn die entsprechende Funktion aktiv ist.

Mit einem Blick in die Statusleiste lässt sich auch überprüfen, ob eine bestimmte Funktion von Ihnen aktiviert wurde. Dies betrifft beispielsweise die Funktion *Nicht stören*. Ist diese aktiv, zeigt die Statusleiste ein *Halbmond-Symbol*.

Das Kontrollzentrum

Über das Kontrollzentrum haben Sie Zugriff auf wichtige Gerätefunktionen und können diese mit einem Fingertipp ein- oder ausschalten. Außerdem lässt sich über das Kontrollzentrum die Wiedergabe von Musiktiteln steuern und Sie haben Zugriff auf einige Standard-Apps.

Das Kontrollzentrum ist normalerweise nicht sichtbar und wird auch nicht über ein Symbol auf dem Home-Bildschirm gestartet. Sie können es aufrufen, indem Sie mit dem Finger vom unteren Bildschirmrand zur Bildschirmmitte hin wischen und das Kontrollzentrum so "nach oben ziehen". Standardmäßig funktioniert dies unabhängig davon, was auf dem Bildschirm sonst angezeigt wird. Sie können das Kontrollzentrum also öffnen, obwohl Sie gerade eine App ausführen oder der Sperrbildschirm angezeigt wird und müssen dafür nicht zuerst zurück zum Home-Bildschirm wechseln.

Sie können das Kontrollzentrum schließen, indem Sie es mit dem Finger wieder nach unten aus dem Bildschirm schieben oder die Home-Taste drücken.

Die Funktionen, die Sie über das Kontrollzentrum steuern, werden vom Betriebssystem festgelegt und können nicht von Ihnen angepasst werden. Die Optionen sind im Kontrollzentrum zumindest auf einem iPhone zeilenweise angeordnet. Beim iPad unterscheidet sich die Anordnung, die Funktionalität bleibt aber gleich.

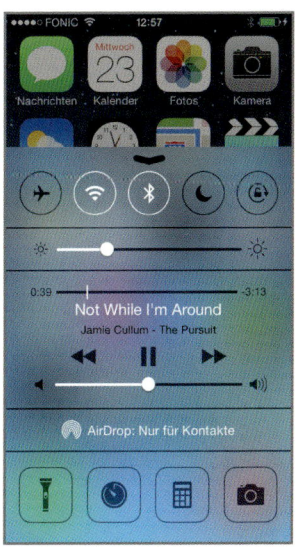

Das geöffnete Kontrollzentrum

In der obersten Zeile finden Sie Symbole, um den *Flugmodus*, *WLAN*, *Bluetooth*, die Funktion *Nicht stören* sowie die *Sperre der Bildschirmdrehung* ein- oder auszuschalten.

In der nächsten Zeile können Sie über einen Schieberegler die *Bildschirmhelligkeit* festlegen. Dies ist sehr praktisch, wenn sich das Umgebungslicht während der Benutzung Ihres Gerätes ändert. Beispielsweise lässt sich bei direkter Sonneneinstrahlung die Bildschirmhelligkeit erhöhen, um auf dem Display noch etwas erkennen zu können. Ist es dagegen in Ihrer Umgebung sehr dunkel, senken Sie die Bildschirmhelligkeit, damit das möglicherweise grelle Licht des Displays nicht stört.

In der folgenden Zeile haben Sie Zugriff auf die Wiedergabesteuerung von Musiktiteln. Sie können die Wiedergabe mit dem zuletzt auf dem Gerät gespielten Titel starten oder einen gerade laufenden Song pausieren und anschließend wieder fortsetzen. Außerdem können Sie zum nächsten oder vorherigen Titel springen und die Wiedergabelautstärke festlegen.

Was ist das denn?
Teilen
Oberbegriff für die Weitergabe von Dateien an andere Geräte oder soziale Netzwerke. Bei der Weitergabe wird in der Regel zunächst der Befehl "Senden" oder "Teilen" aktiviert und der Anwender kann anschließend in einer Liste den Dienst oder die Funktion auswählen, über den/die die Datei weitergegeben werden soll.

In der nächsten Zeile des Kontrollzentrums können Sie Ihre Einstellungen für *AirDrop* anpassen. Sie können festlegen, ob Ihr Gerät beim Teilen von Inhalten über AirDrop für niemanden, nur Personen aus Ihren Kontakten oder für jeden in der Nähe sichtbar sein soll.

Die letzte Zeile des Kontrollzentrums enthält Symbole, über die Sie verschiedene Funktionen bzw. Apps aufrufen können. Tippen Sie auf das Symbol für die **Taschenlampe**, um die Kamera-LED Ihres Gerätes als Leuchte zu verwenden. Tippen Sie auf das Icon für den **Timer**, um die App *Uhr* mit

Die App "Uhr" mit dem Timer und die App "Rechner"

der Funktion *Timer* aufzurufen. Tippen Sie auf das Icon für den **Taschenrechner**, um die App *Rechner* zu starten, die Sie standardmäßig sonst nur etwas umständlich über den Ordner *Extras* auf dem Home-Bildschirm aufrufen können. Über das letzte Icon im Kontrollzentrum haben Sie Zugriff auf die App *Kamera*.

Nicht auf allen Geräten haben Sie über das Kontrollzentrum Zugriff auf alle vorgestellten Funktionen. *AirDrop* beispielsweise gibt es nur für das iPhone 5 oder neuer, die Taschenlampe macht dagegen beim iPad mini keinen Sinn, da dieses Gerät nicht über eine Kamera-LED verfügt.

Das Kontrollzentrum auf dem iPad mini

Sie können in den Einstellungen festlegen, ob Sie den Zugriff auf das Kontrollzentrum im Sperrbildschirm und von Apps aus erlauben wollen. Falls Sie den Zugriff von Apps aus verhindern, können Sie bei aktivem Home-Bildschirm immer noch auf das Kontrollzentrum zugreifen.

Sie nehmen diese Einstellungen vor, indem Sie zunächst die App *Einstellungen* öffnen und dort dann auf **Kontrollzentrum** tippen.

Verwenden Sie die Schalter neben *Zugriff im Sperrbildschirm* und *Zugriff von Apps aus*, um die entsprechende Funktion ein- oder auszuschalten. Standardmäßig sind beide Funktionen eingeschaltet und erlauben somit den Zugriff auf das Kontrollzentrum sowohl im Sperrbildschirm als auch von Apps aus.

Einstellungen für Kontrollzentrum vornehmen

Flugmodus

Wenn Sie den *Flugmodus* einschalten, werden alle Geräte-Komponenten abgeschaltet, die Funkwellen erzeugen. Dies betrifft das GSM-Modul, die WLAN- und die Bluetooth-Funktion. Sie können mit einem iPhone, bei dem der Flugmodus aktiv ist, standardmäßig also weder telefonieren, SMS senden und empfangen, im Internet surfen noch E-Mails abholen.

Alle Funktionen, die keine Funkwellen produzieren, funktionieren aber weiterhin wie gewohnt. Sie können also durchaus Musik hören, Filme schauen und die meisten Spiele spielen. Natürlich ist es auch möglich, z. B. E-Mails zu lesen, die Sie bereits vor dem Einschalten des Flugmodus empfangen haben.

Der Flugmodus wurde entwickelt, damit man sein Smartphone im Flugzeug verwenden kann, obwohl dort elektronische Geräte, die Funkwellen erzeugen, normalerweise verboten sind.

Der Flugmodus wurde per Kontrollzentrum aktiviert

Sie können den Flugmodus aber auch einsetzen, wenn Sie ungestört sein wollen. Für diesen Zweck ist auch eine Mischform möglich: Sie können einzelne Komponenten, die bei eingeschaltetem Flugmodus normalerweise deaktiviert sind, wieder einschalten. Es ist also beispielsweise möglich, zunächst den Flugmodus zu aktivieren und anschließend die WLAN-Funktion wieder einzuschalten.

Auf diese Weise sind Sie telefonisch nicht erreichbar, können aber im Internet surfen und auch E-Mails abholen oder z. B. WhatsApp-Nachrichten empfangen und senden. Falls Sie persönlich empfindlich auf Mobilfunkwellen reagieren, also beispielsweise bei eingeschaltetem Smartphone schlecht schlafen können, bietet sich diese Vorgehensweise ebenfalls an.

Sie aktivieren und deaktivieren den Flugmodus am schnellsten über das Kontrollzentrum. Tippen Sie im geöffneten Kontrollzentrum auf das Symbol für den **Flugmodus**.

Das Symbol wird daraufhin hervorgehoben dargestellt. Auch in der Statusleiste wird ein Icon eingeblendet, das Sie darauf hinweist, dass der Flugmodus aktiv ist. Alle Gerätefunktionen, die Funkwellen erzeugen, sind bei aktivem Flugmodus standardmäßig abgeschaltet. Sie erkennen dies daran, dass die entsprechenden Symbole aus der Statusleiste entfernt wurden. Beispielsweise wird das Symbol für die Signalstärke des Mobilfunknetzes nicht mehr angezeigt.

Sie können nun einzelne Funktionen, die bei aktivem Flugmodus normalerweise abgeschaltet sind, bei Bedarf wieder einschalten. So lassen sich im Kontrollzentrum die WLAN- und/oder die Bluetooth-Funktion wieder einschalten. Auf diese Weise können Sie trotz des eingeschalteten Flugmodus im Internet surfen oder Inhalte per AirDrop über Bluetooth mit anderen teilen. Falls Sie jedoch tatsächlich in einem Flugzeug sitzen, sollten Sie die Funkwellen erzeugenden Funktionen Ihres iPhones oder iPads nicht wieder einschalten, ohne dies zuvor mit dem Flugpersonal abgesprochen zu haben.

Zum Deaktivieren des Flugmodus tippen Sie im Kontrollzentrum erneut auf das Symbol **Flugmodus**.

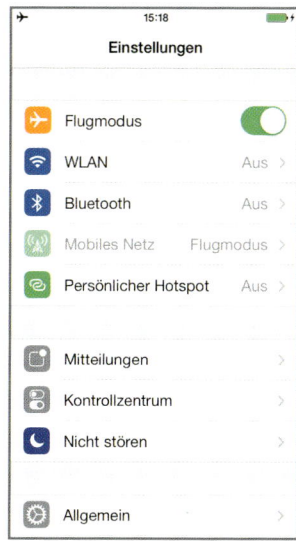

Die App "Einstellungen" mit der Option "Flugmodus"

Darüber hinaus können Sie den Flugmodus auch in der App *Einstellungen* aktivieren und deaktivieren. Sie finden die entsprechende Option ganz oben in den Einstellungen. Betätigen Sie den Schalter neben *Flugmodus*, um diesen ein- bzw. auszuschalten. Auch über die Einstellungen können Sie die WLAN- und/oder Bluetooth-Funktion bei aktivem Flugmodus separat ein- bzw. ausschalten. Verwenden Sie dazu die entsprechenden Schalter neben der jeweiligen Beschriftung.

WLAN

WLAN ist die Abkürzung für "Wireless Local Area Network", also in etwa "Kabelloses lokales Netzwerk". Häufig wird dafür auch die Bezeichnung *WiFi* verwendet. Dies trifft besonders in den USA und auch einigen anderen Ländern zu. Wie der Name schon sagt, kommt ein solches Netzwerk ohne Kabel aus und bietet sich daher an, mobile Geräte zu vernetzen. Alle modernen Smartphones und Tablet-PCs – also auch Ihr iPhone oder iPad – verfügen über eine WLAN-Funktionalität, über die Verbindung mit Netzwerkzugriffspunkten aufgenommen werden kann. Dadurch sind schnelle Internetverbindungen auch mit mobilen Geräten möglich, abhängig natürlich von der am jeweiligen Standort vorhandenen Internet-Verbindungsgeschwindigkeit.

Damit nicht jeder ein drahtloses Netzwerk einfach so verwenden kann, werden diese durch unterschiedliche Verschlüsselungsverfahren geschützt. Um ein iPhone oder iPad mit einem so geschützten WLAN zu verbinden, benötigen Sie das zum WLAN gehörende Kennwort. Dieses Kennwort wurde entweder vom Besitzer des WLANs eingerichtet oder es wird das vom Hersteller des WLAN-Zugriffspunkts vergebene Kennwort verwendet. Das vom Hersteller vergebene Kennwort ist häufig auf der Unterseite des WLAN-Routers auf einem Aufkleber vermerkt.

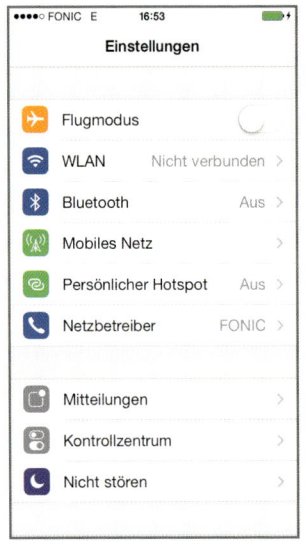

Der Eintrag "WLAN" in der App "Einstellungen"

Sie können ein iPhone oder iPad zu mehr als einem drahtlosen Netzwerk hinzufügen. Die Geräte verbinden sich – nachdem Sie im jeweiligen Netzwerk einmal angemeldet waren – standardmäßig automatisch mit dem jeweiligen WLAN, wenn sie in dessen Reichweite kommen.

Um Ihr Gerät zum ersten Mal mit einem am aktuellen Standort vorhandenen WLAN zu verbinden, rufen Sie zunächst die App *Einstellungen* auf. Hier finden Sie an zweiter Stelle den Eintrag *WLAN* mit dem Hinweis *Nicht verbunden*. Tippen Sie auf den Eintrag um die Details zur WLAN-Funktion anzuzeigen.

Ganz oben in den WLAN-Einstellungen finden Sie einen Schalter, über den Sie die WLAN-Funktion ggf. zunächst grundsätzlich einschalten. Bei eingeschaltetem WLAN werden unter der Beschriftung *Netzwerk wählen* die in der Nähe verfügbaren drahtlosen Netzwerke aufgelistet.

Tippen Sie in der Liste auf das Netzwerk, bei dem Sie das Gerät anmelden möchten. Sie werden anschließend dazu aufgefordert, das entsprechende Kennwort einzugeben. Tippen Sie abschließend auf **Verbinden**.

Das eingegebene Kennwort wird geprüft, das Gerät verbindet sich mit dem drahtlosen Netzwerk und Sie können das Internet mit der vom Netzwerk vorgegebenen Verbindungsgeschwindigkeit nutzen.

In der Regel ist das Verbinden eines iPhones oder iPads mit einem drahtlosen Netzwerk völlig problemlos. Dennoch kann es vorkommen, dass keine Verbindung möglich ist, obwohl Sie das korrekte Kennwort eingegeben haben. Es würde an dieser Stelle zu weit führen, auf alle eventuellen Fehlerquellen einzugehen, aber eine recht häufige Ursache für Verbindungsprobleme wollen wir zumindestens erwähnen: Stellen Sie sicher, dass bei der Konfiguration des Routers, mit dem Sie das Gerät verbinden wollen, die sogenannte MAC-Adressen-Filterung nicht eingeschaltet bzw. die *MAC-Adresse* des betreffenden iPhones oder iPads als Ausnahme definiert wurde. Häufig hat man im Laufe der Zeit vergessen, dass diese Funktion im Router aktiviert wurde.

Die Liste der verfügbaren Drahtlosnetzwerke

Wie gesagt, würde es an dieser Stelle zu weit führen, genau zu beschreiben, wie Sie vorgehen müssen, um dieses Problem zu beheben. Falls Ihre Netzwerk-Kenntnisse dazu nicht ausreichen, wenden Sie sich an einen "Spezialisten", der sich besser mit dem Thema auskennt. Meist ist ein solcher ja in jeder Familie zu finden …

Kennwort für Drahtlosnetzwerk eingeben

Die WLAN-Funktion benötigt relativ viel Energie. Um die Akkulaufzeit zu verlängern, ist es durchaus sinnvoll, diese Funktion auszuschalten, wenn sie nicht benutzt wird. Das ist sogar so sinnvoll, dass es in iOS 7 eine Möglichkeit gibt, WLAN ein- und auszuschalten, ohne die App *Einstellungen* aufzurufen.

Öffnen Sie hierzu das Kontrollzentrum, indem Sie mit dem Finger vom unteren Bildschirmrand zur Bildschirmmitte streichen.

Im oberen Bereich des Kontrollzentrums finden Sie verschiedene Schaltflächen, mit denen Sie unterschiedliche Gerätefunktionen ein- und ausschalten können, darunter auch die WLAN-Funktion.

Noch ein Tipp: iPhone und iPad sind so konfiguriert, dass die Datenübertragung per WLAN bevorzugt wird. Das ist prinzipiell auch eine gute Sache, da die Datenübertragung per Mobilfunknetz entweder separat berechnet oder auf das Datenvolumen einer entsprechenden Flatrate angerechnet wird. Problematisch kann das nur dann sein, wenn Sie sich im Bereich eines öffentlichen WLAN-Netzes befinden, an das Sie sich nicht anmelden können oder wollen. Um die Datenübertragung per Mobilfunknetz in diesem Fall zu erzwingen, müssen Sie die WLAN-Funktionalität – zumindest vorübergehend – ausschalten.

Kontrollzentrum: WLAN-Funktion ein-/ausschalten

Bluetooth

Bei *Bluetooth* handelt es sich um einen Standard zur Datenübertragung per Funk über eine kurze Distanz. Mit "kurzer Distanz" sind in diesem Fall Entfernungen von bis zu 10 Metern gemeint.

Bluetooth wird in erster Linie verwendet, um ein Smartphone mit einem Bluetooth-Headset oder einer Bluetooth-Freisprechanlage zu verbinden. Sie können aber auch Daten, also z. B. Fotos per Bluetooth an andere iPhones oder iPads übertragen. Dazu verwenden Sie die Funktion *AirDrop*, die allerdings erst auf Geräten ab dem iPhone 5 funktioniert. Daten mit anderen Geräten, z. B. Android-Smartphones, über Bluetooth auszutauschen ist ohne die Verwendung spezieller Apps nicht möglich.

Grundsätzlich haben Sie auch bei Bluetooth die Möglichkeit, die Funktion abzuschalten, falls diese nicht benötigt wird. Verwenden Sie dazu die entsprechende Schaltfläche im Kontrollzentrum oder öffnen Sie die App *Einstellungen* und schalten Sie dort die Bluetooth-Funktion ein oder aus. Verwenden Sie dazu den Schalter in den Details der Funktion *Bluetooth*.

Um ein Zubehörgerät, beispielsweise eine Freisprechanlage oder ein Headset mit Ihrem iPhone zu verbinden, müssen Sie die Geräte miteinander "koppeln". Durch die Kopplung wird verhindert, dass per Bluetooth ein unbefugter Zugriff auf Ihr iPhone stattfindet.

Zum Koppeln tippen Sie auf dem iPhone in der App *Einstellungen* auf den Eintrag **Bluetooth**. Die Details zur Funktion *Bluetooth* werden in den Einstellungen angezeigt. Unter *Geräte* werden die in der Nähe befindlichen Bluetooth-Geräte aufgelistet, die zum Koppeln bereit sind.

In der Nähe befindliche Bluetooth-Geräte

Normalerweise müssen Sie ein Zubehörgerät manuell in den Kopplungs-Modus versetzen. Wie Sie dabei vorgehen, hängt vom verwendeten Gerät ab. Häufig muss dazu die Einschalttaste länger gedrückt gehalten werden.

Wählen Sie anschließend auf dem iPhone in der Liste *Geräte* das passende Gerät aus. Wenn die Kopplungsaufforderung vom iPhone ausging, das Bluetooth-Gerät also schon im Kopplungs-Modus war, als Sie die Details für die Funktion *Bluetooth* in den Einstellungen auf dem iPhone angezeigt haben, werden die beiden Geräte ohne weitere Nachfrage verbunden.

Falls die Kopplungsanfrage jedoch vom Bluetooth-Gerät ausging, Sie das Gerät also erst in den Kopplungs-Modus geschaltet haben, als auf dem iPhone bereits die Details der Funktion *Bluetooth* angezeigt wurden, erhalten Sie auf dem iPhone eine Mitteilung, die Sie mit **Koppeln** bestätigen müssen, um die beiden Geräte zu verbinden.

Das Koppeln bestätigen

Das liest sich so detailliert aufgeschrieben komplizierter, als es ist. Schalten Sie das Zubehörgerät in den Kopplungs-Modus, alles andere geht dann fast wie von selbst …

Kopplung von Headset und iPhone aufheben

Nachdem die Geräte gekoppelt wurden, können Sie das Zubehörgerät zusammen mit Ihrem iPhone verwenden.

Noch ein Hinweis: Bei einigen Zubehörgeräten kann es sein, dass Sie vom iPhone dazu aufgefordert werden, einen Code zum Koppeln der Geräte einzugeben. Diesen Code finden Sie in der Regel in der Bedienungsanleitung des entsprechenden Gerätes.

Bei Geräten, die bereits einmal gekoppelt waren, reicht in Zukunft das Einschalten der Bluetooth-Funktion bzw. des Gerätes selbst, damit die Geräte sich gegenseitig finden – vorausgesetzt, die beiden Geräte sind nicht weiter als 10 Meter voneinander entfernt. Falls Sie diesen Automatismus nicht wünschen, müssen Sie die Geräte wieder entkoppeln. Rufen Sie dazu zunächst die Einstellungen für Bluetooth auf. Tippen Sie nun in der Liste der gekoppelten Geräte neben dem Text *Verbunden* auf die Info-Schaltfläche. Aktivieren Sie anschließend den Befehl **Dieses Gerät ignorieren** und bestätigen Sie noch einmal mit **Gerät ignorieren**. Sie können das Gerät bei Bedarf erneut auf die beschriebene Weise mit Ihrem iPhone koppeln.

Die Funktion "Nicht stören"

Nicht stören ist äußerst praktisch, wenn Sie Ihre Ruhe haben und nicht durch Ihr Telefon gestört werden wollen. Sie gehen in ein wichtiges Meeting, sitzen im Kino oder wollen einfach ungestört schlafen? Die Funktion *Nicht stören* sorgt für Ruhe!

Natürlich könnten Sie, um dies zu erreichen, Ihr iPhone auch einfach ausschalten – dann herrscht nun wirklich Ruhe. Das Schöne an der Funktion *Nicht stören* ist aber, dass Sie Ausnahmen definieren können und so sicherstellen, dass Sie bei wichtigen Nachrichten erreichbar bleiben.

Wenn Sie den Modus *Nicht stören* einschalten, wird bei einem Anruf oder einem Hinweis kein akustisches Signal ausgegeben und auch der Bildschirm leuchtet nicht auf.

Um den Modus einzuschalten, zeigen Sie zunächst das Kontrollzentrum an. Aktivieren Sie dort dann die Schaltfläche mit dem Halbmond. Um *Nicht stören* wieder auszuschalten, gehen Sie genauso vor. Bei eingeschaltetem Modus *Nicht stören* wird in der Statusleiste oben am Bildschirm das Halbmond-Symbol angezeigt. Daran lässt sich erkennen, ob der Modus an oder aus ist.

Um den Modus zu konfigurieren, starten Sie zunächst die App *Einstellungen*. Tippen Sie anschließend auf die Option **Nicht stören**. Nun können Sie über den Schalter **Manuell** den Modus ein- oder ausschalten. Dieser Schalter hat also dieselbe Funktion wie das Halbmond-Symbol im Kontrollzentrum.

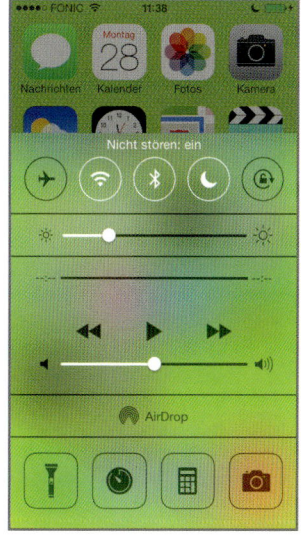

"Nicht stören" über das Kontrollzentrum einschalten

Wenn Sie die Option **Geplant** einschalten, wird *Manuell* ggf. ausgeschaltet und Sie können einen Zeitraum als Ruhezeit definieren, für den der Modus *Nicht stören* automatisch aktiviert wird. Dieser Zeitraum gilt jeden Tag und lässt sich über die Option *Von/Bis* stundenweise festlegen.

Über die Option **Anrufe zulassen** können Sie festlegen, welche Anrufe trotz des eingeschalteten Modus *Nicht stören* mit Klingelton und beleuchtetem Display angezeigt werden sollen. Sie haben hier die Wahl zwischen *Alle*, *Keine*, *Favoriten* und der Gruppe *Kontakte*. Bei *Alle* werden alle Telefonanrufe angezeigt und lediglich Mitteilungen für Textnachrichten unterdrückt. *Keine* lässt dagegen gar keine Anrufe durch. *Favoriten* sorgt dafür, dass Anrufe von Kontakten, die Sie zu Ihren Favoriten hinzugefügt haben, angezeigt werden.

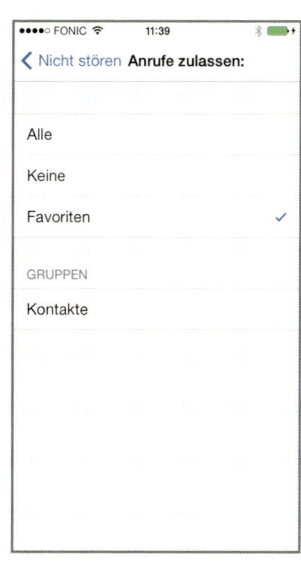

Die Optionen unter "Anrufe zulassen"

Kontakte zeigt dagegen alle Anrufe an, die von Telefonnummern kommen, die in Ihren Kontakten gespeichert sind.

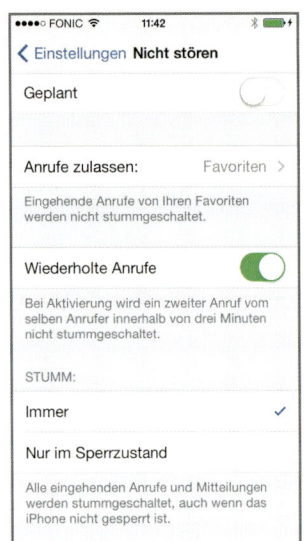

"Wiederholte Anrufe" nicht stummschalten

Wenn Sie den Schalter **Wiederholte Anrufe** aktivieren, wird ein zweiter Anruf vom selben Anrufer innerhalb von drei Minuten nicht stummgeschaltet. So stellen Sie sicher, dass wichtige Anrufe, bei denen es der Anrufer mehrfach innerhalb kurzer Zeit versucht, angezeigt werden, einmalige Anrufe aber stummgeschaltet sind. Diese Option wirkt unabhängig davon, welche Einstellung Sie bei *Anrufe zulassen* vorgenommen haben.

Unter *Stumm* können Sie über die Optionen **Immer** und **Nur im Sperrzustand** festlegen, ob der Modus *Nicht stören* immer oder lediglich dann wirksam sein soll, wenn sich das Telefon im Sperrzustand befindet, also der Bildschirm ausgeschaltet bzw. der Sperrbildschirm aktiv ist.

Der Schalter *Klingeln/Aus* an der Seite des iPhones wirkt übrigens zusätzlich zum Modus *Nicht stören*. Wenn der Schalter in der Position *Aus* steht, wird der Klingelton eines Anrufs unterdrückt, auch wenn Sie im Modus *Nicht stören* eine entsprechende Ausnahme für den Anrufer definiert haben.

Die Ausrichtungssperre

Standardmäßig passt sich der Bildschirminhalt an die Ausrichtung des iPhones oder iPads an. Wird das Gerät von der senkrechten Position in die Waagerechte gedreht, ändert sich der Bildschirminhalt entsprechend. Dies trifft allerdings nicht auf den Home-Bildschirm des iPhones zu. Dieser bleibt immer senkrecht ausgerichtet. Andere Inhalte auf dem iPhone, z. B. Apps oder auch Webseiten, werden aber an die Ausrichtung des Gerätes angepasst.

Diese automatische Anpassung ist eigentlich sehr praktisch, da sich dadurch Inhalte mit einer einfachen Drehung des Gerätes besser darstellen lassen. Beispielsweise ist die Lesbarkeit von Webseiten meist bei waagerecht gehaltenem Gerät besser.

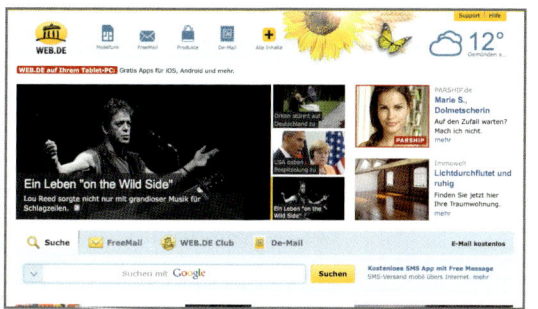
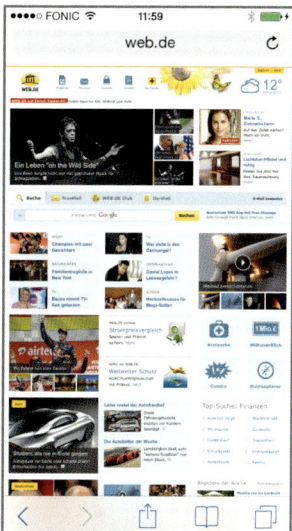

Eine Webseite in der Desktopansicht bei waagerecht und senkrecht gehaltenem iPhone

Manchmal kann dieser Automatismus aber auch lästig sein, beispielsweise wenn Sie auf der Seite auf dem Sofa liegend Fotos anschauen wollen und die Anzeige dabei ständig ungewollt in die Waagerechte wechselt. Hier kann die Ausrichtungssperre hilfreich sein.

Beim iPhone verhindert die Ausrichtungssperre die Anpassung des Bildschirminhalts an die waagerechte Position des Gerätes. Nach dem Einschalten der Sperre wird der Bildschirminhalt also immer für ein senkrecht gehaltenes Gerät ausgerichtet. Beim iPad ist dies etwas anders. Hier kommt es darauf an, wie das Gerät beim Aktivieren der Ausrichtungssperre gehalten wird. Bei senkrecht gehaltenem Gerät wird die senkrechte Ausrichtung des Inhalts festgelegt, bei waagerecht gehaltenem Gerät die waagerechte Ausrichtung.

Sie aktivieren und deaktivieren die Ausrichtungssperre über die entsprechende Schaltfläche im Kontrollzentrum.

Mobile Datenübertragung erlauben/verhindern

Viele auf einem iPhone oder iPad installierte Apps übertragen Daten vom und zum Internet, ohne dass es dem Anwender wirklich bewusst wird. Standardmäßig werden beispielsweise bei den meisten Wetter-Apps die Wetterdaten für den aktuellen Standort automatisch aus dem Netz geladen. Aber auch News-Ticker aktualisieren die angezeigten Informationen in regelmäßigen Abständen.

Solange Sie mit Ihrem mobilen Gerät an einem WLAN angemeldet sind, ist das kein Problem, da eine vorhandene WLAN-Verbindung vorrangig genutzt wird. Ist allerdings eine solche Verbindung nicht verfügbar, werden diese Daten über das mobile Netz übertragen. Dies kann abhängig vom Vertrag mit Ihrem Mobilfunkanbieter zu erhöhten Kosten führen. Normalerweise sollte das allerdings nicht der Fall sein, da die allermeisten Mobilfunkverträge eine Flatrate für die mobile Datenübertragung enthalten. Diese Flatrates sind jedoch meist eingeschränkt, was die darin enthaltene Datenmenge angeht. Häufig wird nur ein bestimmtes Datenvolumen mit der maximal möglichen Datenübertragungsgeschwindigkeit übertragen. Ist dieses Volumen verbraucht, wird die Datenübertragungsgeschwindigkeit vom Mobilfunkanbieter gedrosselt.

Mobile Datenübertragung ein- oder ausschalten

Um die Gefahr erhöhter Kosten zu vermeiden oder das verfügbare Volumen für "wichtige" Datenübertragungen aufzusparen, können Sie die mobile Datenübertragung ausschalten, wenn diese nicht benötigt wird. Öffnen Sie dazu zunächst die App *Einstellungen*. Tippen Sie dann auf die Option **Mobiles Netz**. Mithilfe des Schalters **Mobile Daten** können Sie die Datenübertragung über das Mobilfunknetz ein- oder ausschalten.

Eine weitere hier verfügbare Option kann bei Auslandsaufenthalten wichtig sein: das *Datenroaming*. Wenn Sie diesen Schalter deaktivieren, legen Sie fest, dass trotz eingeschalteter mobiler Datenübertragung im Ausland keine Datendienste verwendet werden und somit auch keine entsprechenden Gebühren anfallen können.

Toneinstellungen

iPhone und iPad machen durch die verschiedensten Töne auf sich aufmerksam. Immer dann, wenn ein "Ereignis" eintritt, dass für den Anwender interessant sein kann, wird dies akustisch angezeigt. Dies trifft nicht nur auf eingehende Anrufe, sondern auch auf E-Mails, Textnachrichten oder andere Benachrichtigungen zu. Hinzukommen diverse Töne, die das Gerät abhängig von den installierten Apps produziert. Außerdem gibt das Gerät Systemklänge von sich, beispielsweise Tastaturanschläge. Diese Töne dienen dazu, zu verdeutlichen, wann eine Berührung stattgefunden hat. Natürlich ist Ihr iPhone oder iPad auch bei der Wiedergabe von Medien, z. B. Musikstücken, Videos oder Spielen, nicht stumm und schließlich wird auch beim Telefonieren die Stimme Ihres Gesprächspartners wiedergegeben.

Lautstärke festlegen

Sie können die Lautstärke für Klingel- und Hinweistöne über die App *Einstellungen* definieren. Tippen Sie dazu in den Einstellungen zunächst auf die Option **Töne**. Anschließend lässt sich die Lautstärke mit einem Schieberegler festlegen. In der Kategorie *Vibrieren* können Sie festlegen, ob Ihr Gerät zusätzlich zum Klingel- und Hinweiston, oder falls das Gerät auf "lautlos" gestellt ist, vibrieren soll.

Bei angezeigtem Home-Bildschirm können Sie die Lautstärke für Klingel- und Hinweistöne auch direkt über die Tasten am Gerät festlegen. Über diese Tasten legen Sie aber auch die Lautstärke für die jeweils gerade aktive Tätigkeit fest. Sind Sie am Telefonieren, stellen Sie mit den Tasten die Hörerlautstärke ein. Wird gerade ein Video oder eine Audiodatei wiedergegeben, definieren Sie mit den Tasten die Lautstärke des jeweiligen Mediums. Dies gilt natürlich auch für Spiele

Lautstärke für Klingelton mit den Tasten festlegen

Töne und Vibrationsmuster festlegen

Es lassen sich Töne und Vibrationsmuster für viele verschiedene "Ereignisse" separat festlegen. Sie können beispielsweise einen

Klingelton, einen Nachrichtenton, den Ton bei einer neuen E-Mail oder auch für einen Kalenderhinweis definieren.

Töne: Die Liste der verfügbaren Ereignisse

Starten Sie zunächst die App *Einstellungen*. Tippen Sie anschließend auf **Töne**. Unter *Töne und Vibrationsmuster* werden die verfügbaren Ereignisse aufgelistet. Wir zeigen hier den Vorgang anhand des Klingeltons. Für die anderen Ereignisse ist dieser aber sehr ähnlich, wenn nicht sogar gleich.

Tippen Sie auf das Ereignis, für das Sie einen Ton festlegen wollen, beispielsweise **Klingelton**. Unter *Klingeltöne* und *Hinweistöne* werden die verfügbaren Töne aufgelistet. Tippen Sie auf einen der Einträge, um diesen auszuwählen. Der jeweilige Ton wird wiedergegeben und Sie können so entscheiden, ob Ihnen der Ton zusagt. Die Auswahl von **Klassisch** öffnet eine weitere Liste, die noch mehr Töne enthält. Falls Ihnen keiner der verfügbaren Töne gefällt, können Sie nach dem Antippen von **Store** kostenpflichtige Töne im iTunes Store auswählen.

Neben den Tönen lassen sich auch Vibrationsmuster für die verschiedenen Ereignisse festlegen. Tippen Sie dazu oberhalb der Liste *Klingeltöne* auf die Option **Vibration**. Anschließend können Sie in der Liste *Normal* ein Vibrationsmuster auswählen oder, nachdem Sie unter *Eigene* die Option **Neue Vibration erstellen** angetippt haben, ein eigenes Muster aufzeichnen.

Tastentöne einschalten
In den Einstellungen für die Töne können Sie auch festlegen, ob beim Sperren des Bildschirms – also wenn Sie die Standby-Taste drücken – ein Ton wiedergegeben werden soll. Verwenden Sie dazu den Schalter **Ton beim Sperren**.

Um die Verwendung der Bildschirmtastatur zu vereinfachen, können Sie einen Ton beim Betätigen einer Taste wiedergeben lassen. Schalten Sie dazu den Schalter **Tastaturanschläge** ein.

Ortungsdienste konfigurieren

Die Ortungsdienste sind ein Zusammenspiel aus dem im iPhone und iPad verbauten GPS-Empfänger und einer Datenbank, die Positionsdaten von öffentlichen WLAN-Zugriffspunkten und Mobilfunkmasten enthält. Die Ortungsdienste werden von vielen Apps und auch einigen Systemdiensten verwendet, um die geographische Position Ihres iPhones oder iPads festzustellen. Beispielsweise profitieren die Apps *Karten* und *Wetter* sowie der Systemdienst zum *Einstellen der Zeitzone* von den Ortungsdiensten. Damit Ihr iPhone oder iPad prinzipiell funktioniert, sind die Ortungsdienste aber nicht unbedingt erforderlich. Aus Datenschutzgründen können Sie diese also durchaus abschalten. Hierbei müssen Sie die Ortungsdienste nicht unbedingt vollständig deaktivieren – obwohl dies natürlich möglich ist –, sondern können einzelne Apps und/oder Systemdienste von der Nutzung der Ortungsdienste ausschließen.

Falls eine App, die Sie aus dem App Store herunterladen, die Nutzung der Ortungsdienste vorsieht, werden Sie bereits bei der Installation bzw. nach dem ersten Start der App gefragt, ob Sie damit einverstanden sind. Entsprechend Ihrer Antwort wird die Nutzung der Ortungsdienste für die jeweilige App aktiviert oder deaktiviert.

Um die Ortungsdienste zu konfigurieren, starten Sie zunächst die App *Einstellungen*. Tippen Sie in den Einstellungen auf die Option **Datenschutz**. Aktivieren Sie anschließend den Eintrag **Ortungsdienste**.

Verwenden Sie den Schalter **Ortungsdienste**, um die Positionsbestimmung des Gerätes bei Bedarf vollständig auszuschalten.

Falls die Ortungsdienste eingeschaltet sind, wird eine Liste der Apps angezeigt, die die Ortungsdienste verwenden. Sie können mithilfe des Schalters neben jeder App festlegen, ob diese die Ortungsdienste verwenden darf oder nicht. Falls Sie über den App Store weitere

Ortungsdienste ein-/ausschalten; Liste der Apps

Apps installieren, die die Ortungsdienste verwenden, wird die Liste entsprechend erweitert.

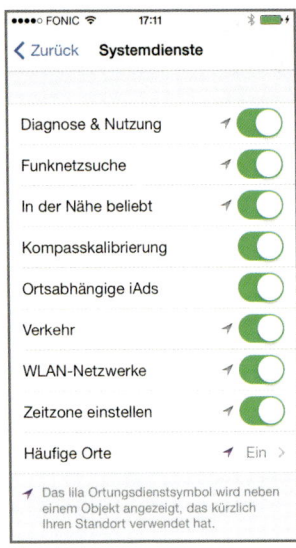

Liste der Systemdienste, die Ortungsdienste verwenden

Tippen Sie unterhalb der Liste auf den Eintrag **Systemdienste**, um eine Liste der Systemdienste einzublenden, die die Ortungsdienste ebenfalls verwenden. Auch hier können Sie über den jeweiligen Schalter festlegen, ob ein Dienst die Ortungsdienste verwenden darf oder nicht.

In dem Moment, in dem eine App die Ortungsdienste verwendet, wird in der Statusleiste oben am Bildschirm ein entsprechendes Symbol eingeblendet. Falls Sie möchten, dass dieses Symbol auch eingeblendet wird, wenn ein Systemdienst die Ortungsdienste verwendet, schalten Sie unterhalb der Liste der Systemdienste den Schalter **Statusleistenobjekt** ein. Zeigen Sie zuvor ggf. weiter unten stehenden Bildschirminhalt an, um den Schalter einzublenden.

Anzeige konfigurieren

Wie Sie die Optik Ihres iPhones oder iPads durch die Anordnung der Symbole auf dem Home-Bildschirm anpassen können, haben wir Ihnen ja bereits erläutert. Darüber hinaus ist es aber auch möglich, ein Hintergrundbild für den Sperrbildschirm und/oder den Home-Bildschirm festzulegen. Dabei können Sie aus von Apple bereitgestellten Hintergründen wählen oder einen eigenen Hintergrund verwenden. Die eigenen Hintergründe wählen Sie aus einem Ihrer Fotoalben aus. Es kann sich dabei um mit dem Telefon geschossene Fotos oder andere zu einem Album hinzugefügte Bilder handeln.

Neben dem Aussehen des Bildschirms können Sie auch die Bildschirmhelligkeit Ihren Wünschen entsprechend bzw. an das herrschende Umgebungslicht anpassen.

Hintergrundbild für Home-Bildschirm und/oder Sperrbildschirm festlegen

Sie können den Hintergrund für den Sperrbildschirm und den Home-Bildschirm oder beide festlegen. Es ist also durchaus möglich für den Sperrbildschirm einen anderen Hintergrund zu verwenden als für den Home-Bildschirm. Zunächst einmal gehen Sie aber für Sperrbildschirm und Home-Bildschirm identisch vor.

Starten Sie die App *Einstellungen*. Tippen Sie anschließend auf den Eintrag **Hintergründe & Helligkeit**. Tippen Sie dann auf die Vorschaugrafik unter *Hintergrund wählen*.

In der Gruppe *Apple Hintergrund* haben Sie die Wahl zwischen dynamischen Hintergründen und Einzelbildern, die Apple zur Verfügung stellt. Dynamische Hintergründe ändern sich, je nachdem, wie Sie Ihr iPhone oder iPad halten. Es kommt also ein wenig Bewegung ins Spiel. In der Gruppe *Fotos* können Sie eines der auf dem Gerät verfügbaren Alben auswählen. Tippen Sie auf **Dynamisch**, **Einzelbilder** oder eines der verfügbaren Alben, wie beispielsweise **Aufnahmen** oder **Mein Fotostream**.

Kategorie für Hintergrund auswählen

Blättern Sie durch die verfügbaren dynamischen Hintergründe bzw. durch die verfügbaren Hintergrundbilder und wählen Sie den gewünschten Hintergrund, indem Sie darauf tippen.

Anschließend wird eine bildschirmfüllende Vorschau des Hintergrunds angezeigt. Falls Ihnen der Hintergrund nicht gefällt, tippen Sie auf **Abbruch** und wählen einen neuen Hintergrund aus. Sagt Ihnen der Hintergrund zu, aktivieren Sie die Schaltfläche **Festlegen**. Daraufhin wird ein Menü geöffnet, über das Sie definieren können, ob der Hintergrund für den **Sperrbildschirm**, den **Home-Bildschirm** oder für **Beide** übernommen werden soll.

Den gewählten Hintergrund festlegen

Tippen Sie auf den entsprechenden Menüeintrag, um den Hintergrund für das/die gewählte(n) Element(e) zu übernehmen oder auf die Schaltfläche **Abbruch**, um den Hintergrund doch nicht festzulegen. Der Hintergrund wird entsprechend Ihren Vorgaben übernommen. Nachdem Sie die App *Einstellungen* ausgeblendet haben, können Sie den neuen Hintergrund im Einsatz bewundern.

Bildschirmhelligkeit

Das iPhone oder iPad verfügt – abhängig vom jeweiligen Modell – über viele Sensoren. Unter anderem auch über einen Sensor, der das Umgebungslicht misst. Das ist eine praktische Sache, da auf diese Weise die Bildschirmhelligkeit automatisch an die aktuellen Lichtverhältnisse angepasst werden kann. Sie können die Bildschirmhelligkeit aber auch manuell festlegen.

Die Bildschirmhelligkeit einstellen

Um die Einstellungen für die Bildschirmhelligkeit vorzunehmen, starten Sie zunächst die App *Einstellungen*. Wählen Sie anschließend den Eintrag **Hintergründe & Helligkeit**.

Unter *Helligkeit* sollten Sie zunächst entscheiden, ob Sie die automatische Helligkeitsanpassung an das herrschende Umgebungslicht aktivieren möchten oder nicht. Wenn Sie diese Funktion einschalten, wird in einer dunklen Umgebung – beispielsweise nachts im Auto – die Bildschirmhelligkeit automatisch reduziert und in einer hellen Umgebung automatisch angehoben. Dadurch wird die Lesbarkeit des Bildschirms verbessert. Um diese Funktion einzuschalten, aktivieren Sie den Schalter **Auto-Helligkeit**.

Bei eingeschalteter Auto-Helligkeit legen Sie mit dem Schieberegler die Helligkeit beim derzeitigen Umgebungslicht fest. Ändert sich das Umgebungslicht, wird die Bildschirmhelligkeit entsprechend angepasst. Sie können also die Funktion *Auto-Helligkeit* mithilfe des Schiebereglers kalibrieren.

Falls Sie die automatische Helligkeitsanpassung nicht eingeschaltet haben, legen Sie mit dem Schieberegler die Helligkeit manuell fest. Diese wird dann unabhängig von den umgebenden Lichtverhältnissen beibehalten.

Sie können die Bildschirmhelligkeit übrigens auch über den Schieberegler im Kontrollzentrum beeinflussen. Zum Aktivieren oder Deaktivieren der Auto-Helligkeit müssen Sie allerdings die App *Einstellungen* verwenden.

Bitte beachten Sie, dass ein helles Display viel Strom verbraucht. Wenn Sie Ihren Akku schonen möchten, sollten Sie die Auto-Helligkeit abschalten und manuell eine geringe Displayhelligkeit einstellen.

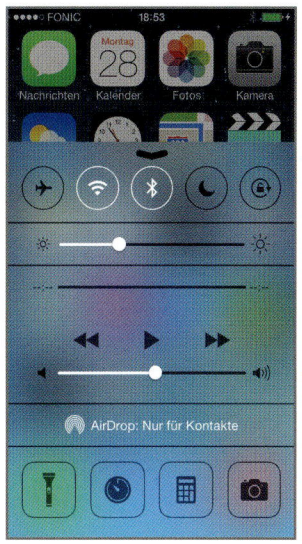

Die Bildschirmhelligkeit im Kontrollzentrum festlegen

Sperrbildschirm einrichten und nutzen

Nachdem Sie Ihr iPhone oder iPad durch Drücken der Home- oder Standby-Taste aus dem Schlafmodus aufgeweckt haben, wird der *Sperrbildschirm* angezeigt. Auf dem Sperrbildschirm sehen Sie standardmäßig die aktuelle Uhrzeit, den Wochentag und das aktuelle Datum. Außerdem werden dort verpasste Ereignisse angezeigt, wie beispielsweise Anrufe, E-Mails, Termine oder Nachrichten.

Auch die Mitteilungszentrale und das Kontrollzentrum sind standardmäßig vom Sperrbildschirm aus erreichbar. Wischen Sie bei angezeigtem Sperrbildschirm vom oberen Bildschirmrand zur Mitte, um die *Mitteilungszentrale* zu öffnen. Wischen Sie vom unteren Bildschirmrand zur Mitte, um das *Kontrollzentrum* aufzurufen. Sie können in den Einstellungen festlegen, ob Mitteilungszentrale und Kontrollzentrum vom Sperrbildschirm aus verfügbar sein sollen. Sie finden die entsprechenden Optionen in den Einstellungen unter *Mitteilungen* und *Kontrollzentrum*.

Sperrbildschirm mit Uhrzeit, Datum, verpasstem Anruf

Sie wechseln vom Sperrbildschirm zum Home-Bildschirm bzw. *entsperren* das Gerät, indem Sie den Sperrbildschirm mit dem Finger nach rechts verschieben. Je nachdem, welche Einstellungen zuvor getroffen wurden, wird entweder direkt der Home-Bildschirm angezeigt oder Sie werden dazu aufgefordert, einen Code zum Entsperren einzugeben. Diesen Code können Sie in den Einstellungen selbst festlegen. Außerdem ist es beim iPhone 5s möglich, den Fingerabdrucksensor bzw. Touch ID zu verwenden, um das Telefon zu entsperren.

Sperrbildschirm konfigurieren

Um die Optionen für den Sperrbildschirm festzulegen, öffnen Sie die App *Einstellungen*. Tippen Sie anschließend auf den Eintrag **Allgemein**. Nachdem Sie die Option **Automatische Sperre** angetippt haben, können Sie festlegen, nach welcher Zeit der Nichtverwendung das Gerät automatisch in den Standby-Modus wechseln soll. Sie haben hier die Wahl zwischen den Zeiträumen *1, 2, 3, 4, 5 Minuten* und *Nie*. Falls Sie die Option *Nie* einstellen, wird das Gerät nicht automatisch in den Standby-Modus versetzt. Sie können aber jederzeit die Standby-Taste drücken, um dies zu erreichen.

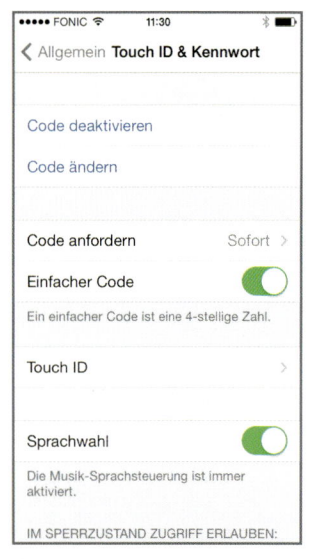

Optionen für "Touch ID & Kennwort" einstellen

Über den Eintrag **Code-Sperre** bzw. beim iPhone 5s **Touch ID & Kennwort** können Sie festlegen, ob zum Entsperren des Gerätes ein Code eingegeben werden muss. Falls bereits zuvor ein Code definiert wurde, müssen Sie diesen zunächst eingeben, um die entsprechenden Einstellungen aufrufen zu können. Mit **Code deaktivieren** können Sie anschließend die Notwendigkeit der Codeeingabe beim Entsperren des Gerätes abschalten. Sie müssen diesen Schritt durch die erneute Eingabe des Codes bestätigen.

Mit **Code ändern** können Sie einen neuen Code festlegen. Auch hier muss zunächst der bestehende Code eingegeben werden, um die Codeänderung durchführen zu können.

Tippen Sie auf **Code anfordern**, um die Zeitspanne festzulegen, nach der nach dem Einschalten des Stand-by-Modus die Eingabe des Codes erforderlich wird, um das Gerät zu entsperren. Die hier möglichen Intervalle liegen zwischen *Sofort* und *4 Stunden*. Je kürzer der Zeitraum, desto höher die Sicherheit.

Wenn Sie den Schalter **Einfacher Code** ausschalten, können Sie anstelle eines vierstelligen Zifferncodes ein beliebig langes Kennwort zum Entsperren des Gerätes definieren. Die Sicherheit wird so – abhängig vom verwendeten Kennwort – höher, das Entsperren des Gerätes kann dann aber lästig sein. Also lieber den Modus *Einfacher Code* verwenden, als die Code-Sperre ganz zu deaktivieren, weil die Eingabe des komplexen Kennwortes so umständlich ist.

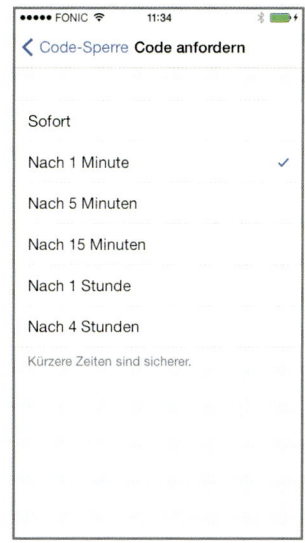

Zeitspanne "Code anfordern" festlegen

Weiter unten in den Optionen zur Code-Sperre können Sie über entsprechende Schalter festlegen, ob bei gesperrtem Gerät die Verwendung von *Sprachwahl*, *Siri*, *Passbook* und der Funktion *Mit Nachricht antworten* möglich sein soll.

Wenn Sie den Schalter **Daten löschen** aktivieren, werden nach 10 fehlgeschlagenen Versuchen, den korrekten Code einzugeben, alle Daten auf dem Gerät gelöscht. Dies ist eventuell sinnvoll, falls Sie auf dem Gerät vertrauliche Informationen gespeichert haben und es Ihnen gestohlen wird.

Touch ID im Überblick

Eine der Neuerungen beim iPhone 5s ist der Fingerabdrucksensor und die damit verbundene Funktion *Touch ID*. Mit dieser Funktion können Sie Ihr iPhone vor fremdem Zugriff sichern und es auf einfache Weise entsperren, indem Sie mit dem Finger die Home-Taste berühren. Durch dieses Verfahren lassen sich auch Käufe bei iTunes, im App Store oder im iBooks Store bestätigen. Es ist dabei egal, in welcher Richtung Sie den Finger auf den Sensor legen: Das Gerät erkennt den Fingerabdruck und weiß, wer Sie sind. Natürlich müssen Sie zuvor *Touch ID* konfigurieren und

Ihren Fingerabdruck auf Ihrem iPhone registrieren. Ihr Fingerabdruck bleibt dabei ausschließlich auf dem iPhone gespeichert und wird nicht auf Apple-Server übertragen.

Touch ID verwenden

Eine Voraussetzung für die Verwendung von *Touch ID* ist, dass Sie die Code-Sperre, wie zuvor beschrieben, aktivieren. Touch ID wurde entwickelt, um die Häufigkeit der Eingabe von Authentifizierungsmerkmalen (z. B. Sperrcode oder Kennwort für iTunes) zu verringern. Der Sperrcode wird aber trotzdem aus Sicherheitsgründen bei der Bestätigung verschiedener Einstellungen benötigt, beispielsweise beim Registrieren neuer Fingerabdrücke.

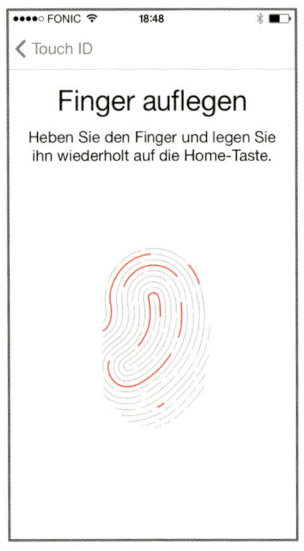
Fingerabdruck hinzufügen

Damit Sie sich gegenüber Ihrem iPhone per Fingerabdruck authentifizieren können, müssen Sie die Funktion *Touch ID* zunächst konfigurieren. Starten Sie dazu die App *Einstellungen* und wechseln Sie zum Bereich *Allgemein*. Tippen Sie hier auf **Touch ID & Kennwort**. Geben Sie anschließend den Sperrcode ein und tippen Sie auf **Touch ID**, um den Bereich *Touch ID* aufzurufen.

Aktivieren Sie hier den Eintrag **Fingerabdruck hinzufügen**. Legen Sie nun – entsprechend der Bildschirmaufforderung – einen Finger auf die Home-Taste. Wiederholen Sie diesen Vorgang mehrfach mit demselben Finger und folgen Sie dabei den Anweisungen am Bildschirm. Tippen Sie abschließend auf **Fortfahren**.

Verwendung des Fingerabdrucks festlegen

In den Einstellungen wird im Bereich *Touch ID* nun die Gruppe *Touch ID verwenden für* angezeigt. Hier ist standardmäßig der Schalter **iPhone entsperren** eingeschaltet. Sie können hier aber auch den Schalter **iTunes & App Store** aktivieren, um Ihren Fingerabdruck anstelle Ihres Apple-ID-Kennwortes für Einkäufe bei iTunes und im App Store zu verwenden.

Über die entsprechende Option in der Gruppe *Fingerabdrücke* können Sie weitere Fingerabdrücke hinzufügen bzw. registrieren. Anschließend können Sie alle bei Ihrem iPhone registrierten Finger zum Entsperren verwenden. Für eine komfortable Verwendung von Touch ID bietet es sich an, zumindest den Fingerabdruck von Daumen und Zeigefinger Ihrer bevorzugten Hand zu registrieren.

Um einen registrierten Fingerabdruck wieder zu entfernen, bewegen Sie den entsprechenden Eintrag unter Fingerabdrücke nach links und tippen anschließend auf **Löschen**.

Zukünftig reicht die Berührung der Home-Taste mit einem zuvor registrierten Finger aus, um vom Sperrbildschirm zum Home-Bildschirm zu wechseln. Eigentlich funktioniert Touch ID problemlos, sollte das Entsperren per Fingerabdruck aber – aus welchem Grund auch immer – nicht gelingen, geben Sie stattdessen den Sperrcode ein.

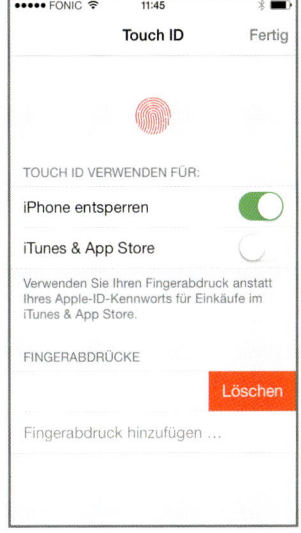

Registrierten Fingerabdruck löschen

Speicherplatz überprüfen/freigeben

Der Speicherplatz vieler Smartphones und Tablet PCs lässt sich durch die Verwendung von *SD-Karten* erweitern. Das iPhone und das iPad gehören aber leider nicht dazu. Hier ist der Speicherplatz vorgegeben. Es gibt die Geräte aber mit unterschiedlichen Speichergrößen; das iPhone beispielsweise erhalten Sie – je nach Modell und Ausführung – mit Speicherkapazitäten zwischen 8 und 64 Gigabyte.

Um sicherzustellen, dass für die Installation weiterer Apps oder Mediendateien genügend freier Speicherplatz zur Verfügung steht, können Sie die Speicherbelegung überprüfen und bei Bedarf bestimmte Inhalte oder einzelne Apps entfernen.

Was ist das denn?

SD-Karte
Auch SD-Memory Card (kurz für Secure Digital Memory Card). Speichermedium, das in verschiedenen Bauformen und Speicherkapazitäten angeboten wird. In Smartphones finden meist Micro-SD-Karten mit einer Speicherkapazität von bis zu 32 GB Verwendung.

Starten Sie dazu die App *Einstellungen* und wechseln Sie zum Bereich *Allgemein*. Tippen Sie hier auf den Eintrag **Benutzung**. Im Bereich *Benutzung* werden ganz oben die Informationen zum Speicher angezeigt. Sie können hier lesen, wie viel Speicher verfügbar und wie viel Speicher belegt ist.

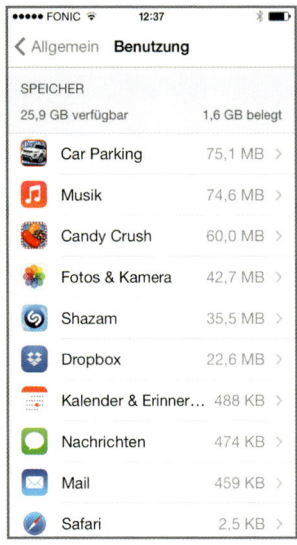

Darunter werden, nach Menge des belegten Speicherplatzes sortiert, die auf dem Gerät installierten Apps aufgelistet. Tippen Sie auf einen Eintrag in der Liste, um Detailinformationen zum Speicherbedarf der entsprechenden App zu erhalten.

Abhängig von der jeweiligen App können Sie diese in der Detailansicht durch Antippen von **App löschen** ggf. vom Gerät entfernen und so Speicherplatz freigeben. Bei manchen Apps, z. B. beim Internetbrowser *Safari*, haben Sie die Möglichkeit, einzelne Inhalte der App zu löschen. Nachdem Sie in den Detailinformationen zur App auf **Bearbeiten** getippt haben, können Sie bei Safari beispielsweise den *Verlauf* oder die *Offline-Leseliste* löschen.

Informationen zur Speicherplatzbelegung

"Mobile Daten" ein- oder ausschalten

Mobile Datennutzung prüfen und Statistik zurücksetzen

Die meisten Mobilfunkverträge enthalten eine Flatrate für mobile Datenübertragung. Diese Flatrates sind aber meist insofern eingeschränkt, dass ab einem bestimmten übertragenen Datenvolumen die mögliche Übertragungsgeschwindigkeit drastisch gedrosselt wird. Daher ist es durchaus sinnvoll, die bereits mobil übertragene Datenmenge im Auge zu behalten.

Starten Sie dazu die App *Einstellungen* und tippen Sie auf den Eintrag **Mobiles Netz**. Im Bereich *Mobiles Netz* haben Sie ganz oben die Möglichkeit die mobile Datenübertragung ein- oder auszuschalten.

Weiter unten finden Sie unter *Mobile Datennutzung* Informationen zum im aktuellen Zeitraum verbrauchten Datenvolumen. "Aktueller Zeitraum" bedeutet hier seit dem letzten Zurücksetzen der Statistik.

Unter *Mobile Daten verwenden* werden alle Apps aufgelistet, die prinzipiell über das mobile Netz Daten senden und empfangen können. Unter dem Namen der jeweiligen App ist die von der App im aktuellen Zeitraum verwendete Datenmenge aufgeführt.

Über die Schalter neben der jeweiligen App können Sie diese von der Verwendung der mobilen Datenübertragung ausschließen. So lässt sich sehr genau festlegen, welche Apps Daten über das mobile Netz übertragen dürfen und welche nicht. Einige Systemdienste, wie z. B. *Siri* oder *Softwareaktualisierungen* übertragen ebenfalls Daten über das mobile Netz. Diese lassen sich jedoch nicht separat ein- oder ausschalten. Wenn Sie verhindern wollen, dass diese Systemdienste Daten über das mobile Netz übertragen, müssen Sie die mobile Datenübertragung vollständig abschalten.

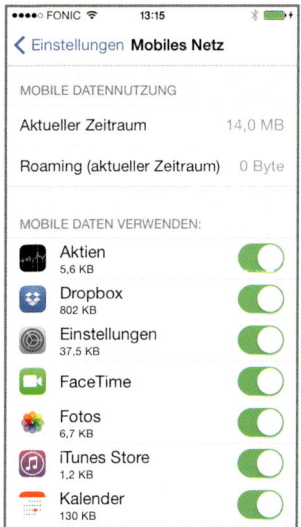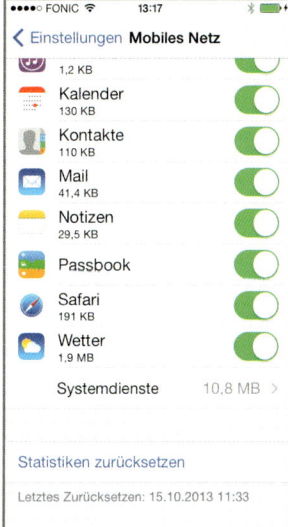

Infos zur Datennutzung von Apps, Statistiken zurücksetzen

Sie können die Informationen zur mobilen Datennutzung zurücksetzen. Dies ist zum Beispiel dann sinnvoll, wenn Sie den Erfassungszeitraum an den Abrechnungszeitraum Ihres Mobilfunkvertrags anpassen wollen. Tippen Sie dazu unterhalb der Liste *Mobile Daten verwenden* auf den Eintrag **Statistiken zurücksetzen**. Unter diesem Eintrag finden Sie übrigens Informationen darüber, wann die Statistik das letzte Mal zurückgesetzt wurde.

Die Hauptfunktionen des iPhones/iPads

In diesem Kapitel erfahren Sie Wissenswertes zu den wichtigsten Funktionen Ihres iPhones oder iPads. Wir erklären Ihnen, wie Sie die *Telefon-App* verwenden, Ihre *Kontakte* verwalten und *Kurznachrichten* senden und empfangen. Auch das Fotografieren und verwalten Ihrer *Fotos* ist ein Thema. Darüber hinaus informieren wir Sie über das Surfen im *Internet*, Versenden und Empfangen von *E-Mails* sowie das Erweitern des Apple-Gerätes über den *App Store*. Außerdem gehen wir auf die Verwendung diverser Medien, also *Musik*, *Videos* und *eBooks* ein. Darüber hinaus erklären wir Ihnen in diesem Kapitel, wie Sie Ihr Apple-Gerät mit einem Computer verbinden, Daten zwischen Gerät und Computer austauschen sowie über das Programm *iTunes* Daten synchronisieren und manuell auf das Gerät übertragen. Auch das Thema *Backup* wird in diesem Kapitel angesprochen.

Telefonieren und Kontakte verwalten

Ja, man kann mit einem iPhone auch telefonieren – und für manche Anwender ist diese Funktion sogar die wichtigste. Allerdings hat sich das Telefonie-Verhalten im Vergleich zu einem Festnetzanschluss wesentlich verändert. Kaum ein iPhone-Benutzer kennt noch die Telefonnummern seiner Gesprächspartner auswendig. Diese werden auf dem Telefon in den Kontakten gespeichert. Daher lassen sich das Verwalten der Kontakte und das eigentliche Telefonieren nicht wirklich trennen und werden hier gemeinsam besprochen.

 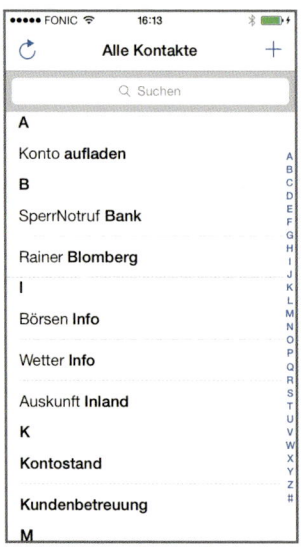

Telefonieren und Kontakte sind eng verknüpft

Telefonieren: Anruf tätigen

Standardmäßig ist die Telefon-App eine der Apps, deren Icon auf dem Home-Bildschirm im Dock untergebracht und daher auf allen Seiten des Home-Bildschirms im Zugriff ist. Nachdem Sie die App durch Tippen auf das Icon gestartet haben, wird meist automatisch das Tastenfeld zum Eingeben der gewünschten Telefonnummer angezeigt. Da die Funktionen der Telefon-App am unteren Bildschirmrand in Registerkarten organisiert sind, kann es allerdings sein, dass bei Ihnen nach dem Start der App nicht das Tastenfeld, sondern eines der anderen Register aktiv ist.

Grundsätzlich stehen Register zum Anlegen bzw. Aufrufen von *Favoriten*, zum Aufrufen der *Anrufliste*, zum Verwalten der *Kontakte*, zum *Wählen* und für die *Voicemail*, also den Anrufbeantworter zur Verfügung. Tippen Sie ggf. auf das Register **Ziffernblock**, um das Tastenfeld aufzurufen.

Rufaufbau und laufendes Gespräch

Hier haben Sie die Möglichkeit, über die entsprechenden Tasten eine Telefonnummer einzugeben. Die eingegebene Telefonnummer wird im oberen Teil der App angezeigt und lässt sich dort überprüfen und ggf. durch Tippen auf das Löschen-Symbol korrigieren. Tippen Sie auf die grüne Taste **Anrufen**, um den Anruf zu starten. Der Rufaufbau beginnt, es klingelt bei Ihrem Gesprächspartner.

Über die Schaltfläche *Lautsprecher* versetzen Sie das iPhone in den "Freisprechen-Modus" und können ein Gespräch führen, ohne das Telefon ans Ohr halten zu müssen.

Über die gleichnamige Schaltfläche können Sie während des Gesprächs die *Kontakte* aufrufen, um z. B. darin gespeicherte Informationen anzupassen. Die Schaltfläche *Stumm* schaltet Ihr Mikrofon aus, sodass Ihr Gesprächspartner nicht hören kann, was Sie sagen. Nützlich, falls Sie neben dem Telefongespräch noch eine Unterhaltung führen und Ihr Telefon-Gesprächspartner davon nichts mitbekommen soll.

Während Gesprächs zum Home-Bildschirm wechseln

Bei laufendem Gespräch wird außerdem die Schaltfläche *Anruf hinzufügen* eingeblendet, mit deren Hilfe es – abhängig von Ihrem Mobilfunkvertrag – möglich ist, einen weiteren Gesprächspartner zu einer Telefonkonferenz hinzuzufügen, einen anderen Teilnehmer anzurufen, ohne dass der erste Gesprächspartner das Telefonat verfolgen kann, oder ein Telefonat an einen anderen Teilnehmer weiterzuvermitteln.

Über die Home-Taste können Sie auch während des Gesprächs zum Home-Bildschirm wechseln und so auch viele Apps während des Telefonats nutzen. Sie wechseln zurück zum Telefonat, indem Sie oben auf dem Home-Bildschirm den grünen Bereich antippen.

Telefonieren: Anruf annehmen/ablehnen

Wenn Sie angerufen werden, ertönt der von Ihnen ausgewählte Klingelton. Außerdem wird die Rufnummer des Anrufers angezeigt. Falls die Rufnummer bereits in Ihren Kontakten gespeichert ist, wird anstelle der Rufnummer der Name des zugehörigen Kontakts angezeigt. Bei Kontakten, für die Sie ein Foto gespeichert haben, wird auch das entsprechende Bild angezeigt.

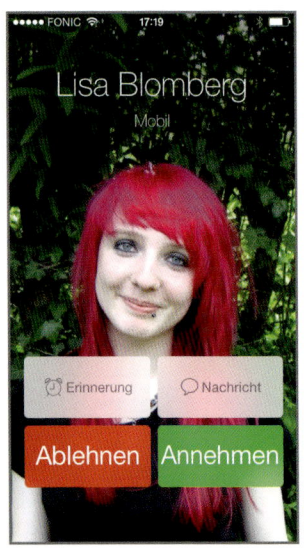

Einen Anruf annehmen oder ablehnen

Um das eingehende Gespräch anzunehmen, tippen Sie auf die grüne Schaltfläche **Annehmen**. Ist der Sperrbildschirm aktiv, nehmen Sie ein Gespräch an, indem Sie die grüne Schaltfläche **Zum Annehmen streichen** nach rechts verschieben.

Falls Sie das Gespräch derzeit nicht annehmen können oder wollen, verwenden Sie die rote Schaltfläche **Ablehnen**. Der Anrufer wird in diesem Fall automatisch mit Ihrer *Sprach-Mailbox* (auch *Mobilbox*) verbunden und kann eine Nachricht hinterlassen.

Ist der Sperrbildschirm aktiv, gibt es keine Schaltfläche zum direkten Ablehnen des Anrufs. Drücken Sie in diesem Fall einmal die Standby-Taste, um den Anruf stummzuschalten. Dieses Vorgehen ist praktisch, wenn Sie dem Anrufer nicht sofort anzeigen möchten, dass er abgelehnt wurde. Drücken Sie zweimal kurz hintereinander die Standby-Taste, um einen Anrufer sofort abzulehnen und damit direkt mit Ihrer Sprach-Mailbox zu verbinden.

Anrufer ablehnen mit Nachricht

Sie können ein Gespräch auch ablehnen und dem Anrufer gleichzeitig eine Nachricht zukommen lassen. Aktivieren Sie dazu die Schaltfläche **Nachricht**. Sie können anschließend eine vorgefertigte Nachricht auswählen, die dem Anrufer per SMS zugestellt wird. Sie haben dabei die Wahl zwischen: "Ich rufe später an.", "Ich bin unterwegs.", "Was gibt's?" und einer eigens von Ihnen verfassten Nachricht. Auch wenn Sie einen Anrufer mit einer Nachricht abweisen, hat dieser die Möglichkeit, seinerseits eine Nachricht auf Ihrer Mobilbox zu hinterlassen.

Es ist auch möglich, ein Gespräch abzulehnen und gleichzeitig eine Erinnerung für Sie zu erstellen, den Anrufer zurückzurufen. Tippen Sie dazu während eines eingehenden Anrufs auf die Schaltfläche **Erinnerung**. Anschließend können Sie in einem Menü auswählen, ob Sie in einer Stunde an den Rückruf erinnert werden wollen oder lieber, wenn Sie den Ort verlassen, an dem Sie sich gerade aufhalten.

Anrufer ablehnen mit Erinnerung

Anrufliste verwenden

In der Anrufliste werden Informationen zu allen ein- und ausgehenden Anrufen gespeichert. Bereits in der Liste sehen Sie bei jedem Eintrag wann genau der Anruf stattgefunden hat, welche Rufnummer bzw. welcher Kontakt beteiligt war und ob es sich um einen eingehenden, ausgehenden, angenommenen oder abgelehnten Anruf handelt. Wenn Sie auf einen der Einträge tippen, wird die entsprechende Rufnummer bzw. der Kontakt angerufen.

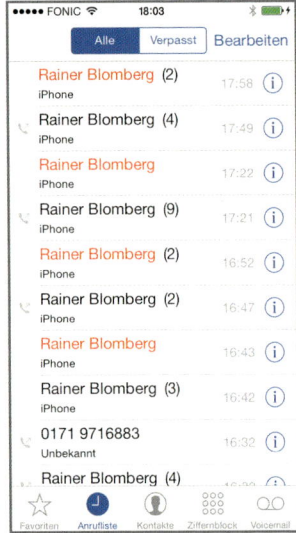 

Die Anrufliste und die Detailinformationen

Rechts neben den Anrufinformationen in der Liste finden Sie ein Symbol, über das Sie die Detailansicht für den Eintrag aufrufen. Hier werden alle Telefonate mit diesem Kontakt für den gegebenen Zeitraum zusammengefasst. In der Detailansicht haben Sie wieder die Möglichkeit, den Kontakt anzurufen, können aber auch eine Textnachricht an den Kontakt senden oder dessen Kontaktinformationen in Ihren Kontakten anpassen.

Kontakte verwalten

Die Kontakte, die Sie mit Ihrem Apple-Gerät verwalten, können Sie auf vielfältige Weise nutzen. Sie können sie verwenden, um Informationen zu Ihnen bekannten Personen oder Institutionen zu speichern. Dazu gehören Telefonnummern, Adressen, E-Mail-Adressen, Webseiten usw. Personen lassen sich direkt aus den Kontakten heraus anrufen, Sie können von dort aus auch eine E-Mail oder eine Textnachricht an einen Kontakt schreiben. Sie können zudem einen speziellen Klingelton für jeden Kontakt festlegen. Auf diese Weise wissen Sie, wer anruft, noch bevor Sie auf Ihr iPhone geschaut haben.

Die Informationen zu Ihren Kontakten können an unterschiedlichen Speicherorten gespeichert sein: SIM-Karte, Telefon oder iCloud. Wir gehen hier davon aus, dass Sie iCloud verwenden und so Ihre Kontakte auf allen Geräten verfügbar sind, an denen Sie sich mit derselben Apple-ID anmelden.

Neuen Kontakt anlegen

Um einen neuen Kontakt anzulegen, gibt es mehrere Herangehensweisen. Sie können dies über die App *Kontakte* oder über die Telefon-App erledigen. Für welchen Weg Sie sich entscheiden, hängt davon ab, welche Informationen zur Verfügung stehen. Sollten Sie über die Telefonnummer des Kontaktes verfügen, z. B. weil Sie die Person gerade erst angerufen haben, empfiehlt sich das Anlegen des neuen Kontaktes über die Telefon-App. Haben Sie andere Informationen zu dem Kontakt, aber eben nicht die Telefonnummer, verwenden Sie die App *Kontakte*. Natürlich können Sie auch die App *Kontakte* verwenden, obwohl Sie die Telefonnummer haben.

Starten Sie die App *Kontakte*, indem Sie auf das entsprechende Icon auf dem Home-Bildschirm tippen. Standardmäßig befindet sich dieses im Ordner *Extras*. Sie können die App *Kontakte* aber auch aus der Telefon-App heraus aufrufen. Tippen Sie dazu auf das

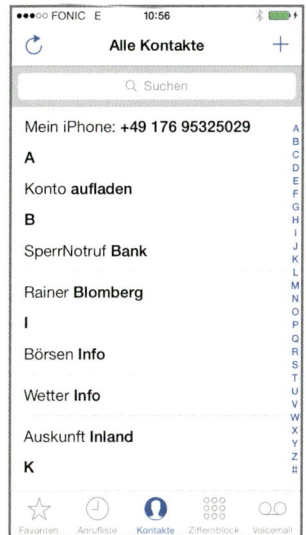

Einen neuen Kontakt erstellen

Register **Kontakte** am unteren Bildschirmrand der Telefon-App. Aktivieren Sie anschließend die Schaltfläche mit dem Plus-Zeichen, um einen neuen Kontakt zu erzeugen.

Ein Formular mit diversen Eingabefeldern wird angezeigt. Hier tragen Sie die Informationen zu dem Kontakt ein. Dazu tippen Sie auf eines der Eingabefelder und geben über die Bildschirmtastatur die entsprechende Information ein. Wechseln Sie zu weiteren Eingabefeldern, indem Sie diese antippen. Mithilfe der Schaltfläche **Feld hinzufügen** lassen sich weitere Felder erstellen, falls die vorhandenen Felder für Ihre Zwecke nicht ausreichen. Auf diese Weise können Sie alle benötigten Informationen zu einem Kontakt zusammenstellen. Aktivieren Sie **Fertig**, um die Kontakterstellung abzuschließen.

Über die Telefon-App können Sie einen neuen Kontakt auch anlegen, indem Sie zunächst die Telefonnummer über den Ziffernblock eingeben. Tippen Sie anschließend direkt unter der Telefonnummer auf **Zu Kontakten**. Anschließend werden Sie gefragt, ob für die eingegebene Telefonnummer ein neuer Kontakt erstellt oder die Nummer zu einem bestehenden Kontakt hinzugefügt werden soll.

Kontakt über die Telefon-App erstellen

Ein weiterer Weg führt über die Anrufliste. Hier finden Sie in der Detailansicht für eine Rufnummer, die noch nicht in Ihren Kontakten gespeichert ist, Befehle zum Erstellen eines neuen Kontakts und zum Hinzufügen der Rufnummer zu einem bestehenden Kontakt.

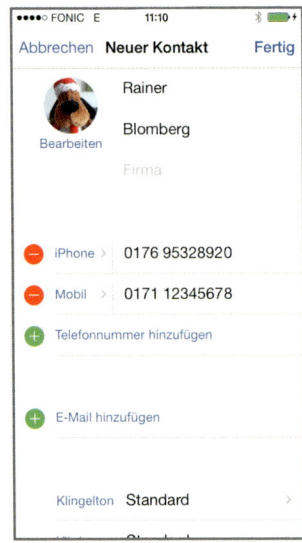

Bei einem neuen Kontakt gehen Sie wie oben beschrieben vor. Wählen Sie dagegen den Befehl zum Hinzufügen der Rufnummer zu einem bestehenden Kontakt, wird zunächst die Liste der Kontakte eingeblendet. Wählen Sie den betreffenden Kontakt in der Liste aus. Die Telefonnummer wird anschließend hinzugefügt.

Kontakt über Detailansicht, Etiketten für Telefonnummern

Telefonnummern werden innerhalb von Kontakten durch sogenannte *Etiketten* gekennzeichnet. Etiketten sagen aus, um welche Art Telefonnummer es sich handelt, beispielsweise "iPhone", "Privat" oder "Arbeit". Sie können ein Etikett anpassen, nachdem Sie darauf getippt haben. Die verfügbaren Etiketten werden in einer Liste angezeigt. Sie können hier ein Etikett auswählen oder durch Antippen von **Eigenes Etikett hinzufügen** selbst ein Etikett erstellen.

Kontakt Klingelton zuweisen

Kontakte lassen sich im Nachhinein bearbeiten. So können Sie beispielsweise spezielle Klingeltöne für wichtige Kontakte festlegen. Natürlich können Sie auch bereits bei der Erstellung eines Kontakts einen speziellen Klingelton für diesen Kontakt definieren.

Um einen Kontakt zu bearbeiten, starten Sie die App *Kontakte* und wählen den gewünschten Kontakt in der Liste der Kontakte aus. Tippen Sie in der Detailansicht für den Kontakt auf **Bearbeiten**. Blättern Sie durch die Informationen zu dem Kontakt bis der Eintrag *Klingelton* angezeigt wird.

Hinter dem Eintrag ist der Name des zugewiesenen Klingeltons vermerkt. Wenn Sie noch keinen speziellen Klingelton für den Kontakt festgelegt haben, steht dort *Standard*. Tippen Sie auf **Klingelton**, um die Liste der verfügbaren Klingeltöne anzuzeigen. Wählen Sie hier den gewünschten Rufton analog zum Festlegen des Standardklingeltons aus.

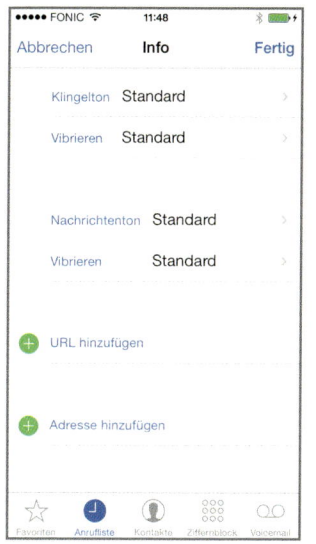
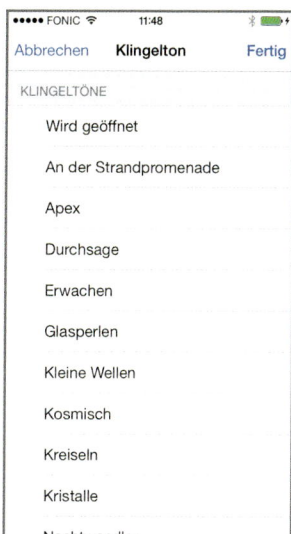

Klingelton für Kontakt festlegen

Auf die gleiche Weise können Sie auch eigene Vibrationsmuster und Nachrichtentöne für den Kontakt festlegen.

Foto zu Kontakt hinzufügen

Ein Foto, das Sie zu einem Kontakt hinzugefügt haben, wird sowohl in den Details zu einem Kontakt als auch bei einem Anruf durch den Kontakt und auch in der Liste der Favoriten angezeigt.

Um einem Kontakt ein Foto zuzuweisen, rufen Sie zunächst die Detailansicht des betreffenden Kontaktes auf. Aktivieren Sie anschließend **Bearbeiten**. Das Formular zum Bearbeiten der Kontaktdaten wird angezeigt. Klicken Sie hier auf die Schaltfläche **Foto hinzufügen**.

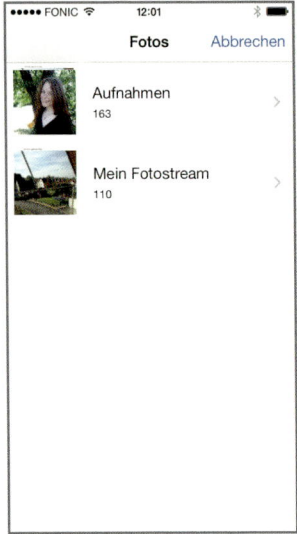

Foto in Alben auswählen

Es wird ein Menü angezeigt, in dem Sie wählen können, aus welcher Quelle das Foto stammen soll. Sie haben hier die Wahl zwischen *Foto aufnehmen* und *Foto auswählen*. Wenn Sie *Foto aufnehmen* wählen, wird die Kamera-App gestartet und Sie können ein Foto der betreffenden Person aufnehmen. Falls Sie sich für *Foto auswählen* entscheiden, werden Ihre *Alben* angezeigt und Sie können dort ein Foto auswählen.

Foto positionieren und beschneiden

Nachdem Sie ein Foto gemacht bzw. ausgewählt haben, werden Sie dazu aufgefordert, es zu positionieren und zu beschneiden. Bewegen und skalieren Sie das Bild mit den bekannten Fingergesten so, dass sich der gewünschte Ausschnitt innerhalb des runden, hervorgehobenen Bereichs befindet. Bestätigen Sie den Vorgang, indem Sie **Auswählen** antippen. Das Foto wird zum Kontakt hinzugefügt.

Noch ein Tipp: Manche Menschen sind ausgesprochen kamerascheu. Machen Sie in diesem Fall doch einfach ein Symbol-Foto, das für die jeweilige Person steht.

Kontakt finden

Im Laufe der Zeit sammelt sich eine Vielzahl von Kontakten an. Da kann es recht mühsam sein, den richtigen Kontakt in der Liste durch einfaches Blättern zu finden bzw. aufzurufen.

Bewegen Sie sich schneller durch die Liste, indem Sie das ganz rechts am Bildschirmrand aufgeführte Alphabet verwenden. Tippen Sie auf einen der Buchstaben, um in der Liste direkt zu diesem zu springen.

Oberhalb der Liste finden Sie zudem das Feld *Suchen*. Tippen Sie in das Feld, um die Bildschirmtastatur zu aktivieren und geben Sie anschließend den Namen des gesuchten Kontakts ein. Bereits nachdem Sie den ersten Buchstaben eingegeben haben, wird die Liste der Kontakte entsprechend gefiltert.

Alphabet und Suchfunktion sind zwar nicht schlecht, trotzdem kann das immer wieder Suchen derselben Personen in einer umfangreichen Kontaktliste lästig werden. Da ist es besonders praktisch, dass es die *Favoriten* gibt.

Suchfeld verwenden, um Kontakt zu finden

Favoriten

Sie können beliebige Kontakte zu Ihren Favoriten hinzufügen. Diese lassen sich dann in der Telefon-App über eine Liste auf der Registerkarte *Favoriten* aufrufen. Dabei können Sie für jede für einen Kontakt gespeicherte Telefonnummer festlegen, ob diese in Ihren Favoriten gespeichert werden soll. Außerdem können Sie einen Kontakt auch für die Dienste *FaceTime* und *FaceTime Audio* als Favoriten festlegen.

Die Liste der Favoriten lässt sich beliebig sortieren und selbstverständlich können Sie Einträge in der Liste auch wieder entfernen.

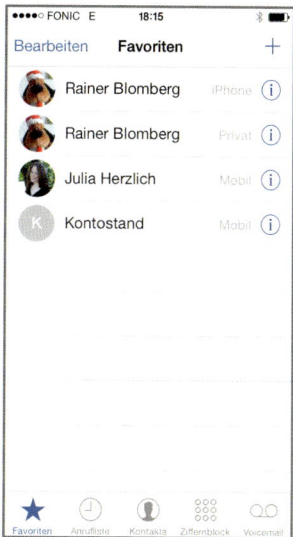

Das Register "Favoriten"

Favoriten anlegen über Liste der Kontakte

Um einen Favoriten anzulegen, rufen Sie die Detailseite eines Kontakts auf, indem Sie in der Liste der Kontakte auf den gewünschten Eintrag tippen. Anschließend aktivieren Sie **Zu Favoriten**.

Daraufhin wird ein Menü eingeblendet, über das Sie festlegen, welche der für den Kontakt gespeicherten Rufnummern Sie als Favorit festlegen wollen – natürlich wird diese Auswahlmöglichkeit nur angezeigt, wenn Sie für den Kontakt mehrere Telefonnummern angelegt haben. Anschließend können Sie in einem Menü entscheiden, für welchen Dienst Sie den Kontakt als Favorit festlegen wollen: *Sprachanruf*, *FaceTime* oder *FaceTime Audio*. Tippen Sie auf den gewünschten Eintrag.

Sprachanruf, FaceTime oder FaceTime Audio

Sie können auf die beschriebene Weise nacheinander den Kontakt für alle benötigten Dienste als Favorit festlegen. Die unterschiedlichen Dienste werden dann in der Liste der Favoriten als einzelne Einträge aufgeführt.

Favoriten anlegen über Register "Favoriten"

Aktivieren Sie zunächst in der Telefon-App das Register **Favoriten**. Die Liste Ihrer Favoriten wird angezeigt. Gegebenenfalls ist diese leer, aber das wollen wir ja nun ändern.

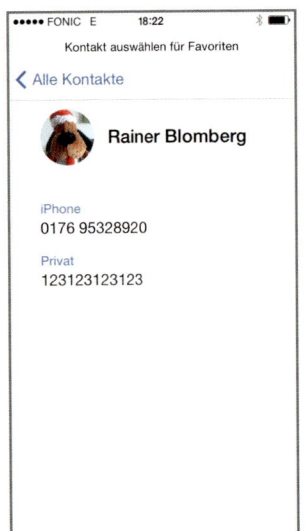

Tippen Sie oben rechts auf das Plus-Zeichen, um die Liste Ihrer Kontakte aufzurufen. Aktivieren Sie anschließend den gewünschten Eintrag in der Liste.

Falls Sie für den Kontakt mehr als eine Telefonnummer angelegt haben, wird eine Detailseite für den Kontakt angezeigt, auf der Sie die Rufnummer durch Antippen auswählen, die Sie als Favorit festlegen wollen. Haben Sie für den Kontakt nur eine Rufnummer definiert, entfällt dieser Schritt.

Detailseite für Kontakte mit mehreren Rufnummern

Danach können Sie in einem Menü entscheiden, für welchen Dienst Sie den Kontakt als Favorit festlegen wollen: *Sprachanruf*, *FaceTime* oder *FaceTime Audio*. Tippen Sie auf den gewünschten Eintrag. Ein entsprechender Favorit wird angelegt und in der Liste der Favoriten angezeigt.

Favoriten verwenden

Kontakte, die Sie für Sprachanrufe oder FaceTime-Gespräche in die Liste Ihrer Favoriten aufgenommen haben, können Sie ganz einfach anrufen, indem Sie zunächst in der Telefon-App das Register **Favoriten** aktivieren. Tippen Sie anschließend auf den gewünschten Eintrag in der Liste. Die Verbindung wird über den entsprechenden Dienst aufgenommen.

Indem Sie auf die Schaltfläche mit dem "i" ganz rechts in einem Eintrag für einen Favoriten tippen, können Sie die Detailseite des zugehörigen Kontaktes aufrufen. Hier finden Sie alle von Ihnen angelegten Informationen zu dem Kontakt.

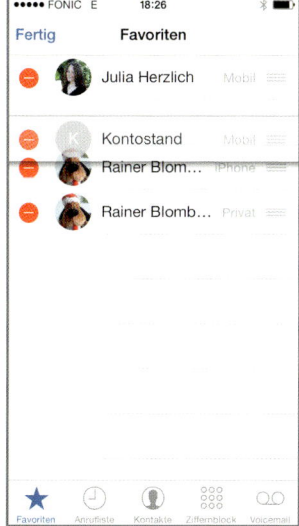 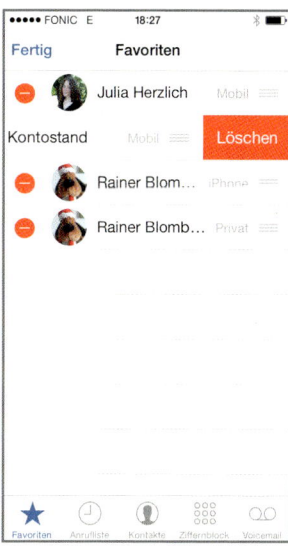

Reihenfolge festlegen und Favorit löschen

Die Einträge in der Liste der Favoriten lassen sich bei Bedarf in die von Ihnen gewünschte Reihenfolge bringen und Sie können einzelne Einträge entfernen. Tippen Sie dazu oberhalb der Liste auf **Bearbeiten**. Sie können nun die Reihenfolge anpassen, indem Sie einen Eintrag über den "Anfasser" ganz rechts innerhalb der Liste verschieben. Falls Sie einen Favoriten entfernen möchten, tippen Sie zunächst ganz links im entsprechenden Eintrag auf das Symbol mit dem **Minus-Zeichen**. Bestätigen Sie anschließend, indem Sie auf **Löschen** tippen.

Voicemail

Voicemail ist Ihr persönlicher Anrufbeantworter, auf dem Anrufer Nachrichten für Sie hinterlassen können, falls Sie einmal einen Anruf verpasst haben sollten. Welche Funktionen genau bereitgestellt werden, hängt aber von Ihrem Mobilfunkanbieter ab. Die Telekom und auch andere Anbieter wie beispielsweise Vodafone unterstützen die Funktion "Visual Voicemail". Hier werden die verpassten Anrufe in einer Liste aufgeführt und Sie können sehr komfortabel durch Antippen des entsprechenden Eintrags die für Sie hinterlassenen Nachrichten abhören. Auch das Aufzeichnen einer Begrüßung oder das Löschen abgehörter Nachrichten erfolgt komfortabel über entsprechende Schaltflächen.

Bei anderen Anbietern, beispielsweise Fonic, dient die Schaltfläche bzw. das Register *Voicemail* in der Telefon-App "nur" zum Anrufen Ihrer Mobilbox. Die Steuerung der Mobilbox erfolgt hier – wie bei Handys üblich – über die Auswahl bestimmter Optionen im Sprachmenü der Mobilbox mithilfe der eingeblendeten Wähltastatur.

Mobilbox abhören

FaceTime

Lange Zeit nur Science-Fiction, seit einigen Jahren aber mit Smartphones und Tablet-PCs kein Problem: die Bildtelefonie, also Telefongespräche, bei denen man den Gesprächspartner nicht nur hört, sondern auch sieht. Bei Apple-Geräten heißt das *FaceTime* und funktioniert zwischen iPhones, iPads und Computern, die FaceTime unterstützen.

Wenn Sie über eine WLAN-Verbindung und eine Apple-ID verfügen, können Sie FaceTime-Anrufe tätigen und empfangen. Mit iPhone-Modellen ab dem 4S können Sie dazu auch das Mobilfunknetz nutzen. Hierbei fallen ggf. Kosten für die mobile Datennutzung an bzw. wird der entsprechende Datenverbrauch auf ein

Mobile Datenübertragung für "FaceTime" deaktivieren

ggf. innerhalb eine Flatrate vorhandenes Datenvolumen angerechnet. FaceTime lässt sich aber unter *Einstellungen/Mobiles Netz* im Bereich *Mobile Daten verwenden* ausschalten. So stellen Sie sicher, dass für die mobile Datenübertragung in Verbindung mit FaceTime keine Kosten anfallen.

FaceTime-Anrufe tätigen und empfangen

Um einen FaceTime-Anruf zu starten, rufen Sie die App *FaceTime* auf. Hier haben Sie zunächst die Möglichkeit, den gewünschten Gesprächspartner festzulegen. Grundsätzlich funktioniert das ähnlich wie beim "normalen" Telefonieren. Sie können aus den Einträgen in Ihren Favoriten, den Kontakten oder der Anrufliste auswählen. Haben Sie sich für einen Kontakt entschieden, tippen Sie auf **FaceTime**, um den Anruf aufzubauen. Bei einem Eintrag in den Favoriten oder in der Anrufliste reicht das Auswählen des entsprechenden Namens.

Ein FaceTime-Gespräch führen

Die Verbindung wird aufgebaut. Dies wird sowohl bei Ihnen als auch beim Gesprächspartner akustisch angezeigt. Nachdem der Gesprächspartner den Anruf angenommen hat, kann es noch einige Sekunden dauern, bis die Verbindung vollständig aufgebaut ist. Während des Gesprächs nimmt die Front-Kamera des Gerätes Sie auf und Sie sehen Ihren Gesprächspartner auf dem Bildschirm. Zusätzlich wird ein kleines Fenster eingeblendet, in dem Sie sehen können, was Ihr Gesprächspartner sieht. Dieses Fenster lässt sich frei am Bildschirm verschieben.

Um weitere Bedienelemente einzublenden, tippen Sie ggf. auf den Bildschirm. Die Schaltfläche mit der Kamera dient dazu, zwischen Front- und Rück-Kamera umzuschalten. Dadurch können Sie Ihrem Gesprächspartner beispielsweise Ihre Umgebung zeigen. Diese Funktion gibt es aber nur bei Geräten, die über zwei Kameras verfügen. Über die Schaltfläche mit dem Mikrofon schalten Sie das Mikrofon Ihres Gerätes ein oder aus, die Kamera bleibt dabei aber stets eingeschaltet. Wenn Sie das Gespräch beenden möchten, tippen Sie auf die gleichnamige Schaltfläche.

Nachrichten: SMS, MMS, iMessage

Obwohl Apple-Geräte E-Mails empfangen können und die Kommunikation über soziale Netzwerke oder Nachrichtendienste wie beispielsweise "Whats-App" weitverbreitet ist, können Sie mit Ihrem iPhone oder iPad natürlich auch SMS- bzw. iMessage-Textnachrichten senden und empfangen. Häufig werden SMS-Nachrichten auch vom Mobilfunkanbieter verwendet, um Sie über verpasste Anrufe oder Sprachmitteilungen auf Ihrer Mobilbox, also Ihrem mobilen Anrufbeantworter, aufmerksam zu machen.

Prinzipiell ist auch das Senden und Empfangen von MMS, also Textnachrichten, die zusätzlich über Multimedia-Komponenten verfügen, möglich. Allerdings ist dies abhängig vom jeweiligen Mobilfunkanbieter und auch die dafür nötigen Einstellungen sind von Anbieter zu Anbieter unterschiedlich. Auf den Anbieter-Webseiten erhalten Sie detaillierte Informationen zum Einrichten der MMS-Funktion für Ihr Gerät.

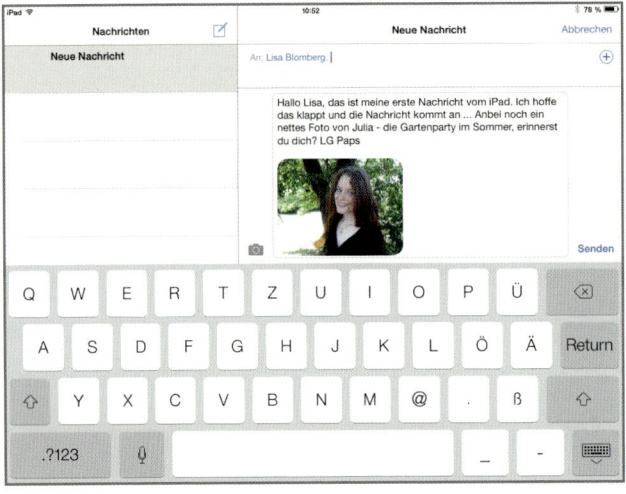
Eine Nachricht inklusive Foto am iPad verfassen

Für die Nachrichtenübermittlung gibt es eine Alternative, die automatisch verwendet wird, wenn Sende- und Empfangsgerät diesen Dienst unterstützen: *iMessage*. Hierbei handelt es sich um einen Apple-Dienst, mit dem Sie beliebig viele Nachrichten per WLAN oder mobiler Datenübertragung an Geräte senden können, auf denen iOS 5 oder neuer ausgeführt wird. Prinzipiell ist dieser Dienst kostenlos – abgesehen von der ggf. erforderlichen mobilen Datennutzung natürlich. Ein weiterer Vorteil von iMessage ist, dass Sie sehen, wenn ein Empfänger Ihre Nachricht gelesen bzw. angezeigt hat.

Außerdem sind iMessage-Nachrichten nicht an eine Telefonnummer, sondern an die entsprechende Apple-ID gebunden. Daher werden solche Nachrichten auf allen Geräten angezeigt, die bei derselben Apple-ID angemeldet sind, und Sie können eine Nachricht, die Sie auf einem Gerät gelesen haben, an einem anderen Gerät beantworten.

Alle Nachrichten werden innerhalb der Nachrichten-App unter dem jeweiligen Kontakt bzw. der Telefonnummer zusammengefasst und bilden "Unterhaltungen" bzw. "Textunterhaltungen". Auf diese Weise können Sie die Kommunikation mit einer Person auch über einen längeren Zeitraum hinweg nachverfolgen.

Nachrichten senden

Um eine Textnachricht zu verfassen, tippen Sie auf das Symbol für die App *Nachrichten*. Aktivieren Sie anschließend das Symbol zum Verfassen einer Nachricht, ein stilisiertes Blatt Papier mit einem Stift. Geben Sie dann die Telefonnummer der Person, an die Sie eine Nachricht schicken möchten, in das Feld *An* ein. Sie können dort auch den Namen eines Ihrer Kontakte eintragen oder den Kontakt aus einer Liste auswählen, indem Sie auf die Plus-Schaltfläche tippen.

Nachdem Sie den Empfänger festgelegt haben, werden ggf. vorhandene vorherige Nachrichten an und von diesem Kontakt aufgelistet.

Falls Sie mit dem Empfänger per iMessage kommunizieren können, wird im Eingabefeld für die Nachricht der Text "iMessage" angezeigt. Ist das Empfängergerät dagegen nicht iMessage-kompatibel, steht dort "Nachricht". iMessage-Nachrichten werden innerhalb der Unterhaltung durch einen blauen Hintergrund gekennzeichnet, SMS dagegen werden grau hinterlegt.

Aktivieren Sie ggf. das Eingabefeld für Nachrichten und tippen Sie den gewünschten Text ein. Falls Sie ein Foto oder Video verschicken möchten, tippen Sie auf

Weitere Nachricht an denselben Empfänger

die Schaltfläche mit der Kamera. Anschließend können Sie festlegen, ob Sie ein Foto oder Video neu aufnehmen oder ein vorhandenes aus einem Album auswählen möchten. Das Versenden von Fotos oder Videos funktioniert nur per MMS oder iMessage. SMS unterstützt lediglich Textnachrichten. Aktivieren Sie abschließend die Schaltfläche **Senden**, um die Nachricht zu verschicken.

Nachrichten empfangen

Der Empfänger der SMS wird über eine Meldung in der Mitteilungszentrale und auch durch einen grafischen Hinweis – die Anzahl der empfangenen Nachrichten – am Icon der Nachrichten-App informiert.

Ein Fingertipp auf den Eintrag in der Mitteilungszentrale öffnet die Nachrichten-App und zeigt die Nachricht an. Natürlich kann auch über das entsprechende Icon direkt die Nachrichten-App gestartet werden. In diesem Fall werden die Kontakte, von denen man eine Nachricht erhalten oder an die man eine Nachricht gesendet hat, chronologisch in der Liste *Nachrichten* aufgeführt. Kontakte mit ungelesenen Nachrichten werden dabei durch einen blauen Punkt gekennzeichnet.

Meldung der Mitteilungszentrale und Antwort auf Nachricht

Tippen Sie auf den obersten Listeneintrag, um die aktuellste Nachricht zu öffnen. Alle Nachrichten, die Sie von dem entsprechenden Kontakt erhalten bzw. an diesen gesendet haben, werden ebenfalls chronologisch aufgelistet. Unterhalb der zuletzt eingegangenen bzw. geschriebenen Nachricht kann direkt eine Antwort bzw. weitere Nachricht eingegeben und gesendet werden.

Fotografie und eigene Videos

Alle aktuellen Smartphones und auch die meisten Tablet-PCs sind mit mindestens einer Kamera ausgerüstet. Die meisten Apple-Geräte verfügen sogar über zwei Kameras: eine qualitativ bessere Kamera mit einer höheren Auflösung zum Fotografieren auf der Rückseite des Gerätes – die "iSight-Kamera" – und eine qualitativ etwas schlechtere Kamera mit einer geringeren Auflösung für Selbstporträts und Videotelefonie auf der Vorderseite – die "FaceTime-Kamera". Stichwort *Videotelefonie*: Die Kameras eignen sich nicht nur zum Fotografieren, man kann mit ihnen auch Videos aufzeichnen.

Von der Auflösung und den Funktionen her nähern sich die in Apple-Geräten verbauten Kameras immer mehr den digitalen Kompaktkameras an. Es lassen sich damit qualitativ hochwertige Fotos aufnehmen, die separate Foto-Kamera kann zu Hause bleiben. Die Qualität der Videos steht denen der Fotos in nichts nach: Eine Videoauflösung von 1080P – "Full-HD" – ist mittlerweile Standard. Die Ergebnisse lassen sich durchaus mit den Videos handelsüblicher HD-Camcorder vergleichen.

Ein Foto aufnehmen

Wenn Sie die Ortungsdienste aktiviert haben, werden Fotos und Videos mit Informationen zum Aufnahmeort versehen. Diese Informationen können von vielen Apps zum Anzeigen und Bearbeiten von Fotos verwendet werden, um den Aufnahmeort z. B. in einer Karte anzuzeigen.

Fotos und Videos aufnehmen

Um ein Foto oder Video aufzunehmen, starten Sie zunächst die Kamera-App. Dazu tippen Sie auf das Kamera-Icon auf dem Home-Bildschirm. Die Kamera lässt sich auch direkt vom Sperrbildschirm aus starten. Sie finden dort das Kamera-Icon in der unteren, rechten Ecke. Verschieben Sie es nach oben, um die Kamera zu aktivieren.

Ist die Kamera-App erst einmal gestartet, finden Sie zusätzlich zum Auslöser – die runde Schaltfläche unten bzw. rechts am Bildschirm – Symbole für diverse Einstellungen vor. Die Kamera-App passt sich der Ausrichtung des Gerätes an und positioniert die Symbole ggf. entsprechend. So können Sie bequem Aufnahmen im Hoch- oder Querformat machen.

> **Was ist das denn?**
>
> **HDR**
> Abkürzung für "High Dynamic Range". Liefert verbesserte Aufnahmen bei schwierigen Kontrastverhältnissen. Es werden dabei mehrere Fotos mit unterschiedlichen Belichtungseinstellungen gemacht, aus denen anschließend automatisch ein verbessertes Foto berechnet wird. Während der Aufnahme ist der Blitz deaktiviert, halten Sie die Kamera also möglichst ruhig.

Einstellungen, die Sie innerhalb der Kamera-App vornehmen, bleiben nach dem Beenden und Neustarten der App erhalten. Sie sollten also nach dem Start der App zunächst prüfen, ob die Einstellungen für Ihr Vorhaben korrekt sind.

Über die Schaltfläche für den *Blitz* legen Sie den LED-Blitzmodus fest, d. h., ob dieser automatisch den Lichtverhältnissen entsprechend verwendet werden oder ein- bzw. ausgeschaltet sein soll. Die Schaltfläche **HDR** dient zum ein- bzw. ausschalten der HDR-Belichtung. Standard ist hier *HDR aus*. Über die *Kamera*-Schaltfläche wechseln Sie zwischen Front- und Hauptkamera. Mithilfe der Schaltfläche *Filter* fügen Sie bereits während der Aufnahme einen Farbeffekt zum Foto hinzu. Auf diese Weise lassen sich z. B. Schwarz-Weiß-Aufnahmen realisieren. Aktivieren Sie den Filter **Keine**, um Standardfotos aufzunehmen. Über die Miniatur – die Schaltfläche mit dem zuletzt aufgenommenen Foto – wechseln Sie zur App *Fotos* und können eine Aufnahme direkt überprüfen und ggf. auch löschen. Mit *Fertig* kommen Sie von dort zurück zur Kamera-App.

Filter während der Aufnahme festlegen

Die wichtigste Einstellmöglichkeit ist der *Aufnahmemodus*. Sie wechseln den Aufnahmemodus, indem Sie das Vorschaubild der Kamera nach links oder rechts bzw. oben oder unten verschieben. Es stehen die Modi *Slo-Mo* (für Zeitlupenaufnahmen mit hoher Bildrate, nur beim iPhone 5s), *Video*, *Foto*, *Quadrat* und *Panorama* zur Verfügung.

Für Standardfotos wählen Sie den Modus *Foto*. Hier können Sie Einzelaufnahmen machen, indem Sie den Auslöser kurz drücken; für Serienaufnahmen halten Sie den Auslöser gedrückt. Im Modus *Quadrat* nehmen Sie quadratische Fotos auf, die sich z. B. für Profilbilder für soziale Netzwerke besonders gut eignen.

Eine beliebte Funktion ist das Erstellen eines Panoramas. Im Panorama-Modus werden in die Vorschau ein Pfeil und eine Linie eingeblendet. Die Aufnahmerichtung lässt sich durch Tippen auf den Pfeil festlegen. Nachdem Sie den Auslöser gedrückt haben, schwenken Sie das Gerät gleichmäßig in die Pfeilrichtung. Achten Sie dabei darauf, das Gerät so zu bewegen, dass die Pfeilspitze möglichst auf der Linie bleibt. Dabei werden automatisch überlappende Fotos aufgenommen, die anschließend ebenfalls automatisch zu einem Panorama zusammengesetzt werden. Als Ergebnis erhalten Sie ein Foto mit einem "Rundumblick".

Panorama erstellen

Ein noch größeres "Mittendrin-Gefühl" bieten natürlich Videoaufnahmen. Um ein Video aufzuzeichnen, müssen Sie zunächst zum Video-Modus wechseln und dann den Auslöser betätigen. Während der Videoaufzeichnung können Sie Einzelbilder speichern, indem Sie auf den runden Auslöser drücken. Sehr praktisch, denn Sie brauchen die Videoaufnahme nicht zu unterbrechen, um ein Einzelbild zu erhalten. Tippen Sie erneut auf den Video-Auslöser, um die Videoaufzeichnung zu beenden. Von Ihnen aufgezeichnete Videos finden Sie übrigens wie Bilder in der App *Fotos* und nicht, wie man vielleicht annehmen könnte, in der App *Videos*. Die App *Videos* dient zur Wiedergabe von Filmen, z. B. aus dem iTunes Store.

Video aufnehmen

Fotos und Videos verwalten und anschauen

Die App zum Betrachten und Verwalten von Fotos und eigenen Videos heißt *Fotos*. Nach dem Start der App können Sie drei grundsätzliche Bereiche über entsprechende Register unten am Bildschirm auswählen: *Fotos*, *Für alle* und *Alben*.

Die Bedienung ist für jedes Register ähnlich. Verwenden Sie die Navigationsleiste oben am Bildschirm, um (zurück) zu übergeordneten Elementen zu wechseln. Tippen Sie auf ein Element, um es auszuwählen. In der Einzelansicht eines Fotos oder Videos wischen Sie nach links oder rechts, um zum nächsten bzw. vorherigen Element zu wechseln. Tippen Sie einmal auf ein Foto oder Video in der Einzelansicht, um die Bedienelemente aus- bzw. wieder einzublenden.

Fotos

Im Register *Fotos* werden die auf dem Gerät gespeicherten Fotos automatisch nach *Jahre*, *Sammlungen* oder *Moment* sortiert. Sie können über die Navigationsleiste oben am Bildschirm zur übergeordneten Sortierung wechseln. *Jahre* gruppiert die Elemente nach dem Jahr, in dem sie entstanden sind, *Sammlungen* legt verschiedene Gruppen an, bei denen es sich um Ortsangaben, aber auch Zeiträume handeln kann, *Momente* gruppiert nach Tagen. Tippen Sie auf das gewünschte Jahr, um die enthaltenen Sammlungen anzuzeigen, tippen Sie auf eine Sammlung, um zu den enthaltenen Momenten zu wechseln. Tippen Sie auf eine Miniatur, um das einzelne Element anzuzeigen. Tippen Sie auf eine Ortsbezeichnung, um eine Karte mit entsprechenden Einträgen für die Fotos anzuzeigen.

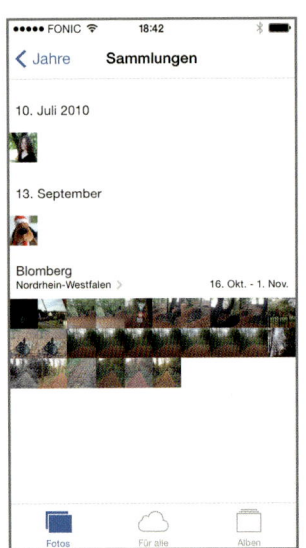

Sammlungen gruppiert nach Zeit und Ort, Kartendarstellung

Für alle

Das Register *Für alle* listet freigegebene Streams auf. Hierbei handelt es sich um Alben bzw. Ordner, die Sie für ausgewählte Personen freigeben können. Diese Personen benötigen ein iCloud-Konto und müssen iOS 6 oder 7 verwenden.

Der Stream *Aktivitäten* wird automatisch angelegt und enthält alle Elemente, die Sie zu anderen Streams hinzugefügt haben. Tippen Sie auf **Neuer freigegebener Stream**, um einen neuen Stream anzulegen. Geben Sie anschließend einen Namen für den Stream ein und tippen Sie auf **Weiter**.

Sie können nun die Personen festlegen, für die der Stream freigegeben werden soll. Diese werden zu Ihrem

Name für Stream und Personen mit Freigabe festlegen

Stream "eingeladen" und finden den Stream dann auf ihrem eigenen Gerät in der Foto-App im Register *Für alle*. Geben Sie einen Teil der Kontaktdaten (Namen, Telefonnummer, E-Mail-Adresse) der gewünschten Person in das Feld *An:* ein. Bereits während der Eingabe werden passende Kontakt-Details aufgelistet. Für Einträge in blauer Schriftfarbe funktioniert die Freigabe. Sie können auch auf das Plus-Zeichen tippen und die gewünschte Person anschließend aus Ihren Kontakten auswählen. Tippen Sie auf **Erstellen**, um den Stream anzulegen.

Um Elemente zu dem bisher leeren Fotostream hinzuzufügen und den Inhalt des Streams anzuzeigen, wählen Sie den Stream im Register *Für alle* zunächst aus. In der Übersicht ist am unteren Bildschirmrand die Schaltfläche *Fotos* markiert.

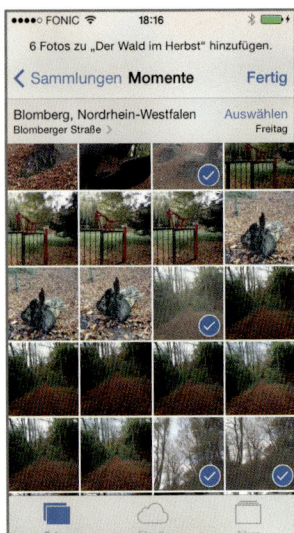

Fotos zu Stream hinzufügen

Tippen Sie auf das Plus-Zeichen, um anschließend Fotos auswählen und so zum Fotostream hinzufügen zu können. Bestätigen Sie Ihre Auswahl mit **Fertig**, geben Sie ggf. einen beschreibenden Text ein und tippen Sie auf **Posten**. Die ausgewählten Fotos erscheinen im Inhalt des Streams und können von den Personen, für die sie freigegeben wurden, angesehen werden. Über die Schaltfläche *Personen* am unteren Bildschirmrand können Sie weitere Kontakte zu dem Stream einladen.

Alben

Hier werden automatisch mehrere Alben angelegt, die unterschiedliche Elemente enthalten. Es lassen sich aber auch von Hand eigene Alben anlegen, in denen Sie Ihre Fotos und Videos nach eigenen Kriterien ablegen können. Elemente, die Sie in ein eigenes Album aufnehmen, bleiben trotzdem auch im Album *Aufnahmen* gespeichert.

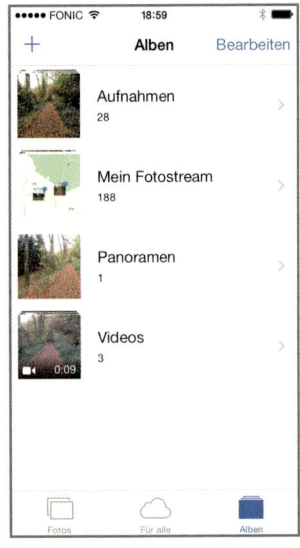

Das Register "Alben" in der Übersicht

Das Album *Aufnahmen* gibt es immer. In diesem Album sind alle Fotos und Videos enthalten, die Sie mit dem jeweiligen Gerät aufgenommen und die Sie per E-Mail oder Anhang an eine Nachricht erhalten haben. Das Album *Mein Fotostream* enthält alle Fotos, die Sie mit allen Ihren Geräten gemacht haben, die dieselbe Apple-ID verwenden. Auf diese Weise können Sie z. B. auf dem iPad auf die Fotos zugreifen, die Sie mit dem iPhone gemacht haben. Wenn Sie ein *Panorama* oder ein *Video* aufgenommen haben, werden diese in entsprechend bezeichneten Alben abgelegt.

Sie können eigene Alben anlegen, indem Sie auf das Plus-Zeichen oben links tippen. Vergeben Sie anschließend einen Namen und tippen Sie auf **Sichern**. Wählen Sie dann die Fotos und Videos aus, die Sie in das neue Album aufnehmen möchten, und bestätigen Sie mit **Fertig**. Tippen Sie auf **Bearbeiten**, um die Anzeigereihenfolge der Alben anzupassen oder von Ihnen angelegte Alben wieder zu löschen.

Fotos und Videos bearbeiten

Sie können mit der App *Fotos* Bilder und Videos nicht nur verwalten, sondern auch nachträglich bearbeiten. Zeigen Sie dazu das jeweilige Element in der Einzelansicht an.

Foto bearbeiten

Tippen Sie in der Einzelansicht des betreffenden Bildes auf **Bearbeiten**. Sie können das Foto nun über die entsprechenden Schaltflächen am unteren Bildschirmrand modifizieren. Das Bild lässt sich – ggf. auch mehrfach – gegen den Uhrzeigersinn drehen oder mit einem Fingertipp verbessern. Dabei werden Helligkeit, Kontrast, Farbgebung und Bildschärfe automatisch optimiert. Sie können Farbfilter einsetzen und so beispielsweise ein Schwarz-Weiß-Foto erzeugen. Außerdem finden Sie hier Schaltflächen zum Entfernen von roten Augen und zum Beschneiden des Fotos. Schließen Sie den Bearbeitungsvorgang mit **Sichern** ab oder tippen Sie auf **Abbrechen**, um das Foto doch nicht zu verändern.

Ein Foto nach der Aufnahme bearbeiten

Video bearbeiten

Ein aufgezeichnetes Video lässt sich kürzen. Sie haben so die Möglichkeit, das Video auf eine spannende Stelle zu konzentrieren. Zeigen Sie das Video zunächst in der Einzelansicht an. Oberhalb des Videos wird eine Abfolge der Einzelbilder dargestellt. Starten Sie das Video und tippen Sie darauf, um die bei der Wiedergabe standardmäßig ausgeblendeten Bedienelemente wieder einzublenden. Die aktuelle Wiedergabeposition wird in der Einzelbildabfolge durch einen senkrechten Strich dargestellt. Anfang und Ende des Videos werden durch Pfeilschaltflächen symbolisiert. Ziehen Sie diese nach innen, um das Video wunschgemäß zu kürzen. Schließen Sie den Bearbeitungsvorgang mit **Kürzen** ab oder tippen Sie auf **Abbrechen**, um das Video doch nicht zu verändern. Nach dem Aktivieren von *Kürzen* legen Sie fest, ob Sie das Original verändern oder den ausgewählten Videobereich als neuen Clip speichern wollen.

Ein Video kürzen

Fotos und Videos teilen und verwenden

Nachdem Sie ein Foto oder Video in der Einzelansicht angezeigt haben, können Sie durch Wischen nach links oder rechts zum nächsten bzw. vorherigen Bild im aktiven Album/Moment wechseln. Tippen Sie auf das aktive Bild, um die Bildschirmelemente zum Bearbeiten bzw. Verwalten der Bilder ein- oder auszublenden. Bei eingeblendeten Bildschirmelementen können Sie mithilfe der Navigationsleiste oben am Bildschirm zum übergeordneten Moment/Stream/Album wechseln. Mit **Bearbeiten** rufen Sie, wie bereits beschrieben, die Optionen zum Anpassen des Fotos/Videos auf. Tippen Sie auf das Symbol mit dem **Mülleimer**, um das derzeit angezeigte Foto oder Video zu löschen – dieser Vorgang muss in einer Sicherheitsabfrage bestätigt werden.

Foto in der Einzelansicht mit Bedienelementen

Fotos und Videos teilen/weitergeben

Über das Symbol zur **Weitergabe** unten links rufen Sie Funktionen auf, mit deren Hilfe Sie das aktive und auch weitere Fotos oder Videos an andere Personen weitergeben oder auch anderweitig verwenden können.

Wählen Sie zunächst das oder die Elemente aus, die Sie weitergeben oder anderweitig verwenden wollen. Sie können durch Wischen nach links oder rechts zu Ihren anderen Fotos wechseln. Ausgewählte Elemente sind mit einem blauen Häkchen markiert. Durch Antippen eines Fotos oder Videos setzen Sie die Markierung bzw. heben diese wieder auf. Falls Sie mehr als ein Element markieren, stehen Ihnen nur die Verwendungszwecke zur Verfügung, die sich auch auf mehrere Elemente gleichzeitig anwenden lassen.

Die Weitergabe- bzw. Verwendungsoptionen

Weitergabe/Teilen per AirDrop

AirDrop ist eine Funktion zur Freigabe von Fotos und Videos für Personen in der Nähe. Voraussetzung dafür ist die Verwendung von iOS 7 und mindestens ein iPhone 5 oder ein modernes iPad. Da zur Übertragung nicht nur WLAN, sondern auch Bluetooth verwendet wird, dürfen die betreffenden Geräte ggf. nicht weit voneinander entfernt sein. Das Empfängergerät darf sich außerdem nicht gerade im Standby-Modus befinden, sondern der Bildschirm muss aktiv sein. Über das Kontrollzentrum kann die Funktion *AirDrop* konfiguriert werden – Sie muss bei beiden Geräten eingeschaltet sein.

Treffen alle Voraussetzungen zu, werden unterhalb der ausgewählten Fotos unter *Zur Freigabe mit AirDrop tippen* nicht der Standardhinweis zu AirDrop, sondern die Profilbilder der in Reichweite befindlichen Kontakte angezeigt. Wählen Sie den gewünschten Kontakt aus. Der Empfänger muss nun bestätigen, dass er das gesendete Element auch erhalten möchte. Anschließend wird die Datei an das Empfängergerät übertragen. Alles in allem eine wirklich praktische Funktion – schade nur, dass die dafür nötigen Voraussetzungen recht eng gesteckt sind.

AirDrop-Empfänger auswählen und Datenempfang bestätigen

Weitergabe per Nachrichten, E-Mail, iCloud, soziale Netze

Die ausgewählten Fotos und Videos lassen sich ganz einfach über die App *Nachrichten*, per *E-Mail*, mittels *iCloud*, *Twitter*, *Facebook* oder *Flickr* weitergeben. Tippen Sie dazu auf das Symbol für den entsprechenden Dienst. Die jeweilige App wird automatisch geöffnet und das oder die ausgewählten Elemente werden dort eingefügt. Sie brauchen lediglich den gewünschten Empfänger auszuwählen und einen netten Text einzugeben. Wie genau das funktioniert, hängt von der jeweiligen App ab. Die sozialen Netzwerke und auch iCloud setzen voraus, dass Sie über ein entsprechendes Konto bei dem jeweiligen Dienst verfügen.

Fotos und Videos verwenden

Über die Schaltflächen am unteren Bildschirmrand können Sie markierte Fotos und/oder Videos für unterschiedliche Einsatzzwecke verwenden.

Elemente kopieren und einfügen

Um Ihre Fotos und Videos Ihren Vorstellungen entsprechend zu gruppieren, können Sie Elemente kopieren und anschließend in einem Album Ihrer Wahl einfügen. Dazu markieren Sie die gewünschten Elemente zunächst, tippen anschließend auf die Schaltfläche **Kopieren** unten am Bildschirm und wechseln dann über die Navigation und ggf. das Register *Alben* zum gewünschten Zielalbum. Legen Sie hier Ihren Finger auf eine freie Stelle des Bildschirms, bis der Befehl *Einfügen* eingeblendet wird. Tippen Sie auf **Einfügen**. Die ausgewählten Elemente bleiben am Ursprungsort erhalten, werden aber auch im ausgewählten Album aufgeführt.

Diashow

Um eine Diashow wiederzugeben, rufen Sie zunächst die Optionen zum Weitergeben des Elements aus auf, ab dem die Diashow starten soll. Tippen Sie anschließend unten am Bildschirm auf die Schaltfläche **Diashow**. Tippen Sie auf **Übergänge**, um den Wechsel von einem Element zum nächsten festzulegen. Sie haben hier die Auswahl zwischen den Übergängen *Überblenden*, *Würfel*, *Welle* sowie *horizontal* und *vertikal wischen*. Mithilfe des Schalters *Musikwiedergabe* können Sie festlegen, ob während der Diashow Musik gespielt werden soll oder nicht. Haben Sie sich für Musik entschieden, können Sie über die Option **Musik** festlegen, welche Titel wiedergegeben werden sollen.

Tippen Sie auf **Präsentation starten**, um mit der Diashow zu beginnen. Um die Diashow wieder zu beenden, tippen Sie auf den Bildschirm.

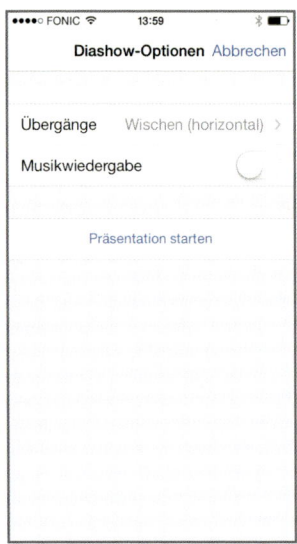

Diashow konfigurieren und starten

AirPlay

Mithilfe der Funktion *AirPlay* können Sie Inhalte auf AirPlay-kompatiblen Geräten, z. B. einer an einem Fernseher oder anderen Bildschirm angeschlossenen "Apple TV"-Set-Top-Box, wiedergeben. Tippen Sie dazu auf die Schaltfläche **AirPlay** und wählen Sie dann das gewünschte Gerät, auf dem der Inhalt wiedergegeben werden soll. Voraussetzung dafür ist natürlich, dass ein entsprechendes Gerät in Reichweite ist.

Foto einem Kontakt zuweisen

Um ein ausgewähltes Foto als Profilbild für einen Kontakt zu verwenden, tippen Sie auf die Schaltfläche **Kontakt zuweisen**. Wählen Sie dann den gewünschten Kontakt aus der Liste aus und legen Sie den passenden Bildausschnitt fest. Bestätigen Sie mit **Auswählen**.

Profilbild festlegen, hier für "Wetter Info"

Foto als Hintergrundbild verwenden

Um ein ausgewähltes Foto als Hintergrundbild zu verwenden, tippen Sie auf die Schaltfläche **Als Hintergrundbild**. Bewegen und skalieren Sie das Bild anschließend in der Vorschau wunschgemäß. Tippen Sie dann auf **Festlegen**. Im daraufhin gezeigten Menü können Sie auswählen, ob das Foto als Hintergrund für den Sperrbildschirm, den Home-Bildschirm oder beide Bildschirme verwendet werden soll.

Foto drucken

Um ein oder mehrere markierte Fotos auf einem Drucker auszugeben, tippen Sie auf die Schaltfläche **Drucken**. Wählen Sie anschließend ggf. mithilfe der Option *Drucker* das Gerät aus, mit dem die Fotos ausgedruckt werden sollen. Legen Sie über die Schaltflächen neben *Kopie* die Anzahl der gewünschten Ausdrucke fest. Starten Sie den Druckvorgang, indem Sie **Drucken** antippen. Voraussetzung für das Drucken vom iPhone oder iPad aus ist ein AirPrint-fähiger Drucker in Reichweite.

Hintergrundbild festlegen

Im Internet surfen

Ein wichtiger Einsatzbereich von iPhone und iPad ist das Surfen im Internet. Die dafür benötigte App – der sogenannten Browser – ist bereits auf den Geräten vorinstalliert. Es gibt zwar auch weitere Browser, die über den App Store bezogen werden können, wir erklären hier das Surfen im Internet aber anhand der App *Safari*, dem Browser von Apple.

Was ist das denn?

URL
Abkürzung von "Uniform Resource Locator", etwa "vereinheitlichter Quellenanzeiger". Steht für die vereinheitlichte Adressierung einer Quelle im Internet, z. B. eine Webseite. Meist verwendet als Abkürzung für "die Internetadresse".

Starten Sie Safari, indem Sie das entsprechende Icon auf dem Home-Bildschirm antippen. Safari wird aufgerufen und die zuletzt aktive Webseite erneut angezeigt.

Webseite aufrufen

Um eine Webseite gezielt aufrufen zu können, müssen Sie deren Webadresse – die sogenannten *URL* – kennen. Ganz oben in der App finden Sie ein Eingabefeld, die *Adressleiste*. Tippen Sie in das Eingabefeld, um die derzeit dort eingetragene Adresse zu markieren und die Bildschirmtastatur einzublenden. Sie können nun die eingetragene Adresse zunächst entfernen, indem Sie auf das "X" ganz rechts in der Adressleiste tippen, oder Sie überschreiben die markierte Adresse direkt, indem Sie die neue Adresse über die Bildschirmtastatur eingeben. Schließen Sie die Eingabe mit **Öffnen** ab. Die Webseite, deren Adresse Sie eingegeben haben, wird angezeigt.

Eine Internetadresse (URL) eingeben

Im Internet suchen

Falls Sie nicht genau wissen, welche Webseite die Inhalte bereithält, für die Sie sich interessieren, können Sie die *Suchfunktion* von Safari verwenden. Geben Sie dazu den gewünschten Suchbegriff in die Adressleiste ein. Sie können also die Adressleiste sowohl dazu verwenden, direkt eine Webseite aufzurufen, als auch nach beliebigen Begriffen im Internet zu suchen.

Bereits während Sie einen Suchbegriff über die Tastatur eingeben, werden entsprechende Suchergebnisse unterhalb der Adressleiste angezeigt. Ist der von Ihnen gewünschte Suchbegriff dabei, wählen Sie ihn durch Antippen aus.

Anschließend wird das Suchergebnis angezeigt. Sie können im Suchergebnis durch die Liste der gefundenen Webseiten blättern, indem Sie nach unten oder oben

Suchbegriff eingeben, Liste der Suchergebnisse

wischen. Tippen Sie auf den Eintrag für die Webseite, die Sie anzeigen möchten. Die Webseite wird aufgerufen.

Webseiten verwenden

Meist wird eine aufgerufene Webseite in einer Größe dargestellt, die – zumindest in der Breite – alle verfügbaren Inhalte anzeigt. Dadurch lässt sich ein erster Überblick über den Aufbau der Webseite gewinnen. Sie können abhängig von der Programmierung der jeweiligen Webseite mit dem Finger nach unten oder oben wischen, um weitere Inhalte einzublenden.

Da die Bildschirme von mobilen Geräten im Vergleich zu Computermonitoren recht klein sind, fällt es meist schwer, die in der Übersicht der Webseite angezeigten Inhalte, z. B. Texte oder Menüeinträge, zu lesen. Die Inhalte werden einfach zu klein abgebildet.

Es gibt mehrere Möglichkeiten, dies zu ändern: Zunächst einmal können Sie Ihr Gerät in eine waagerechte

Eine Webseite im Überblick

Position bringen. Dabei wird standardmäßig automatisch der Bildschirminhalt gedreht und in der Größe an die neue Breite des Displays angepasst. Falls die Größe der Inhalte Ihnen immer noch zu klein erscheint, können Sie auf einen Bildschirmbereich doppeltippen. Dabei wird der angezeigte Bildschirmbereich mehr oder weniger auf die verfügbare Breite des Displays vergrößert. Um wieder zur vorherigen Darstellungsgröße zurückzukehren, doppeltippen Sie erneut. Es lassen sich aber Bildbereiche auch beliebig individuell vergrößern. Verwenden Sie dazu die Fingergesten *Zoom*, bzw. *Pinch-in* und *Pinch-out*. Wenn Sie die Anzeige stark vergrößert haben, lässt sich der sichtbare Bildbereich mit dem Finger in alle Richtungen verschieben.

Eine Webseite bei waagerechtem Display und bei stark vergrößerter Anzeige

Tippen Sie auf einen der Hyperlinks in der Webseite, um diesem zu folgen und die damit verknüpfte Webseite aufzurufen. Häufig sind auch Grafiken oder Fotos durch einen Hyperlink mit weiteren Inhalten einer Webseite verknüpft.

Was ist das denn?

Hyperlink, Link
Elektronischer Verweis, über den durch Antippen bzw. Anklicken zu einer anderen Stelle im selben Dokument oder zu einem anderen Dokument gesprungen werden kann.

Legen Sie den Finger auf einen Hyperlink, um die Zieladresse anzuzeigen, bevor Sie den Link öffnen. Dabei werden außerdem weitere Optionen in einem Menü zur Auswahl angeboten, beispielsweise *Auf neuer Seite öffnen* oder *Zur Leseliste hinzufügen*. Welche Optionen zur Verfügung stehen, hängt von der Art des Hyperlinks und den damit verknüpften Inhalten ab – ein *Grafik-Link* bietet andere Optionen als ein *Text-Link*.

Viele Webseiten verfügen über eine eigene Navigation, über die gezielt bestimmte Bereiche der Webseite aufgerufen werden können. Dazu muss in der Regel zunächst innerhalb der Navigationsstruktur ein Oberbegriff und anschließend im daraufhin angezeigten Menü einer der verfügbaren Unterpunkte ausgewählt werden. Um beispielsweise auf einer Webseite den News-Bereich anzuzeigen, tippen Sie zunächst auf den Link **News** und im anschließend möglicherweise angezeigten Menü auf das Thema, zu dem Sie Neuigkeiten erfahren möchten.

Optionen für einen Hyperlink

Sie können durch die Inhalte bereits zuvor angezeigter Webseiten blättern, indem Sie die Pfeilschaltflächen *Vorwärts* und *Zurück* in der Symbolleiste unten am Bildschirm verwenden. Gegebenenfalls müssen Sie auf den Bildschirm tippen, um die Symbolleiste einzublenden.

Tabs bzw. Registerkarten

Sie können weitere Webseiten anzeigen, ohne eine bereits aufgerufene Webseite zu schließen oder von dieser zur neuen Webseite zu wechseln. Öffnen Sie dazu die neue Webseite einfach auf einer eigenen *Registerkarte*, auch *Tab* genannt.

Tippen Sie dazu in der Symbolleiste auf die ganz rechte Schaltfläche. Daraufhin werden die bereits geöffneten Tabs angezeigt und Sie können über das Plus-Zeichen in der Symbolleiste eine neue, leere Registerkarte anlegen. Die Registerkarten lassen sich einzeln ausblenden, indem Sie bei dem jeweiligen Tab oben links auf das Schließen-Kreuz tippen. Um zwischen den einzelnen Tabs zu wechseln, tippen Sie auf die gewünschte Registerkarte.

Die geöffneten Tabs in der Übersicht

Privates surfen

Standardmäßig merkt sich Safari, welche Webseiten Sie bereits besucht haben, und stellt Ihnen diese über den *Verlauf* zur Verfügung. Falls Sie Ihr iPhone oder iPad nicht als einzige Person verwenden, ist es Ihnen möglicherweise nicht recht, dass ein anderer Benutzer des Gerätes sehen kann, welche Webseiten Sie sich angeschaut haben. Um sicherzustellen, dass niemand Ihr Surfverhalten nachvollziehen kann, können Sie das sogenannte private Surfen aktivieren.

Privates Surfen aktivieren, Abfrage beantworten

Das private Surfen funktioniert genauso wie das "normale" Surfen. Allerdings werden hier keine Aufzeichnungen darüber gemacht, welche Webseiten Sie besucht oder welche Web-Suchen Sie durchgeführt haben. Beim Aktivieren und Deaktivieren des privaten Surfens müssen Sie in einer Abfrage festlegen, ob Sie die derzeit geöffneten Seiten behalten oder schließen möchten. Wählen Sie die Option **Schließen** beim Deaktivieren des privaten Surfens, um sicherzustellen, dass die von Ihnen besuchten Seiten nicht nachvollzogen werden können. Beachten Sie dabei, dass Lesezeichen, die Sie gespeichert haben, erhalten bleiben.

Um das private Surfen ein- oder auszuschalten, tippen in der Symbolleiste auf die Schaltfläche ganz rechts – die Schaltfläche zum Anzeigen der derzeit geöffneten Tabs. Tippen Sie anschließend auf **Privat**. Falls Webseiten geöffnet sind, erhalten Sie die oben erwähnte Abfrage.

Lesezeichen

Das Aufrufen von Webseiten, die Sie häufiger besuchen, kann durch die Verwendung von Lesezeichen vereinfacht werden. Die Internetadresse (URL) einer Webseite, für die Sie ein Lesezeichen erstellt haben, muss nicht von Hand eingegeben werden.

Um ein Lesezeichen für die aktuelle Webseite zu erstellen, tippen Sie zunächst in der Symbolleiste auf die mittlere Schaltfläche – die Schaltfläche zum Freigeben oder Sichern von Inhalten

Sie haben nun die Möglichkeit, über die Schaltfläche **Zum Home-Bildschirm** eine Verknüpfung mit der aktuellen Webseite auf dem Home-Bildschirm zu erstellen. Dadurch lassen sich Webseiten direkt vom Home-Bildschirm aus in Safari öffnen. Eine solche Verknüpfung können Sie auf dieselbe Weise vom Home-Bildschirm entfernen wie eine App.

Tippen Sie anstelle der Schaltfläche *Zum Home-Bildschirm* auf die Schaltfläche **Lesezeichen**, um ein Lesezeichen zu erstellen. Sie können dabei die Bezeichnung des Lesezeichens – standardmäßig der Titel der Webseite – anpassen. Außerdem lässt sich der Speicherort für das Lesezeichen festlegen. Standardmäßig ist hier *Favoriten* eingestellt. Tippen Sie auf **Ort**, um den Speicherort auszuwählen, beispielsweise den bereits vorhandenen Ordner *Lesezeichen*. Schließen Sie die Erstellung des Lesezeichens mit **Fertig** oder **Sichern** ab.

Ein Lesezeichen erstellen

Um eine Webseite über ein zuvor gespeichertes Lesezeichen zu öffnen, tippen Sie zunächst in der Symbolleiste auf das zweite Symbol von rechts, die Schaltfläche mit dem stilisierten Buch. Die gespeicherten Lesezeichen werden aufgelistet. Über **Bearbeiten** können Sie eigene Ordner hinzufügen und die Reihenfolge der Elemente in der Liste anpassen. Tippen Sie auf das gewünschte Lesezeichen, um die entsprechende Webseite anzuzeigen.

Verlauf

In den Lesezeichen finden Sie auch den Ordner *Verlauf*. Im Verlauf wird eine Liste der besuchten Webseiten gespeichert. Die Listeneinträge sind nach Zeiträumen gruppiert. Tippen Sie auf einen der Listeneinträge, um zur entsprechenden Webseite zu wechseln.

Sie können den Verlauf löschen, indem Sie auf **Löschen** tippen und die Abfrage entsprechend bestätigen.

Die Liste "Verlauf" löschen

E-Mail senden und empfangen

Heutzutage ist – neben dem Telefon – die E-Mail eines der wichtigsten Kommunikationsmittel. Für die mobile Nutzung des Mediums E-Mail ist es am sinnvollsten, einen E-Mail-Dienst zu verwenden, der das sogenannte IMAP-Verfahren unterstützt. Auf diese Weise ist sichergestellt, dass Sie auf dem iPhone oder iPad und einem stationären Computer dasselbe E-Mail-Konto verwalten und nutzen können und diese stets synchronisiert bzw. abgeglichen werden. Die meisten großen E-Mail-Dienste, beispielsweise Gmail, Outlook.com oder Yahoo.de nutzen dieses Verfahren. Auch Apple mit den E-Mail-Adressen bei iCloud.com setzt auf diese Technik.

Was ist das denn?

IMAP
E-Mails werden nicht zum Client übertragen und auf dem Server entfernt, sondern bleiben auf dem Server gespeichert. Dadurch ist der Nutzer nicht mehr von einzelnen Client-Computern abhängig, sondern kann von mehreren Geräten aus auf den Server zugreifen. Meist werden Kopien der Nachrichten und der Ordnerstruktur auf den Client-Geräten erstellt, damit der Nutzer auch dann Zugriff auf seine gespeicherten E-Mails hat, wenn das Gerät gerade nicht online ist.

Da die Verwendung des Apple-Dienstes *iCloud* ohnehin zu empfehlen ist, gehen wir hier davon aus, dass Sie über eine iCloud-E-Mail-Adresse verfügen. Sollten Sie beim Einrichten Ihres Gerätes iCloud nicht aktiviert haben, können Sie dies in den Einstellungen unter *iCloud* nachholen. Geben Sie Ihre Apple-ID ein und folgen Sie den Anweisungen. Falls Sie beim Erstellen des iCloud-Kontos eine bereits vorhandene E-Mail-Adresse von einem anderen Anbieter verwendet haben, müssen Sie *Mail* in den Einstellungen zu iCloud aktivieren. Anschließend können Sie eine iCloud-E-Mail-Adresse anlegen, indem Sie den Anweisungen am Bildschirm folgen. Sobald Sie auf iPhone oder iPad über eine iCloud-E-Mail-Adresse verfügen, wird diese in der vorinstallierten App *Mail* automatisch aktiviert.

Die App *Mail* verfügt über einen großen Funktionsumfang, den zu beschreiben den Rahmen dieses Buches sprengen würde. Daher beschränken wir uns hier auf die wichtigsten Funktionen. Sie starten die App *Mail* über das entsprechende Icon auf dem Home-Bildschirm. Standardmäßig ist dieses im *Dock* unten am Bildschirm platziert.

E-Mails empfangen und anzeigen

Der Empfang von E-Mails, die an Ihre iCloud-E-Mail-Adresse gesendet wurden, ist ganz einfach. Er passiert nämlich vollautomatisch. Die zu der Apple-ID, mit der Sie an Ihrem iPhone oder iPad angemeldet sind, gehörende iCloud-E-Mail-Adresse wird automatisch auch in der App *Mail* verwendet.

In den Einstellungen lassen sich über den Eintrag *Mail, Kontakte, Kalender* weitere Accounts hinzufügen. So können Sie E-Mail-Konten von *Google*, *Yahoo*, *Aol*, *Outlook.com*, weitere *iCloud*-E-Mail-Accounts oder *Exchange*-E-Mail-Adressen ebenfalls mit der App *Mail* verwenden. Aber auch *andere* E-Mail-Adressen, beispielsweise falls Ihre Firma über einen eigenen Mail-Server verfügt, sind möglich. Hier müssen Sie aber die Zugangsdaten zum Server kennen und diese beim Hinzufügen des Kontos manuell eingeben.

Besonders praktisch ist, dass Sie automatisch in der Mitteilungszentrale des iPhones oder iPads über neu eingegangene E-Mails informiert werden können. Voraussetzung dafür ist allerdings, dass Sie in den Einstellungen unter *Mitteilungen* die App *Mail* aktivieren. Tippen Sie auf die entsprechende Benachrichtigung in der Mitteilungszentrale, um direkt den Inhalt der E-Mail in der App *Mail* anzuzeigen.

Benachrichtigung für E-Mail in der Mitteilungszentrale

Eingegangene E-Mails werden innerhalb der App im Postfach *Eingang* chronologisch aufgelistet. Tippen Sie auf die E-Mail in der Liste, die Sie lesen möchten. Die E-Mail wird angezeigt. Falls es sich bei der E-Mail in der Liste um eine Antwort auf eine Antwort von Ihnen handelt, also eine "Unterhaltung", wird im Eingang nur die letzte E-Mail der Unterhaltung aufgelistet. Sie erkennen eine solche Unterhaltung an dem Doppelpfeil an der rechten Seite. Wenn Sie auf diese E-Mail tippen, wird der *Verlauf* geöffnet, der alle E-Mails dieser Unterhaltung enthält.

Falls die Inhalte der E-Mail auf dem Bildschirm zu klein erscheinen, um diese bequem zu lesen, können Sie die gleichen Verfahren zum Vergrößern anwenden wie beim Surfen im Internet mit einem Browser. Sie können also das Display waagerecht halten, doppelt auf Inhalte tippen, um diese an die Bildschirmbreite anzupassen, oder nahezu beliebig in eine E-Mail zoomen.

Wenn Sie eine einzelne E-Mail anzeigen lassen, können Sie zur nächsten oder vorherigen E-Mail im Eingang wechseln, ohne das Postfach *Eingang* erneut anzuzeigen. Verwenden Sie dazu die nach oben und unten weisenden Pfeilschaltflächen in der Navigationsleiste oben in der App. Natürlich können Sie auch zurück zum Posteingang wechseln: Tippen Sie dazu auf **Eingang** oben links in der Navigationsleiste.

E-Mails schreiben und senden

Grundsätzlich lassen sich E-Mails auf verschiedene Arten erstellen: Sie können selbst eine neue E-Mail an eine Person schreiben, auf eine E-Mail antworten oder eine E-Mail weiterleiten.

Neue E-Mail

Um eine neue E-Mail zu verfassen, tippen Sie im Eingang oder auch in der Einzelansicht einer E-Mail unten rechts auf das Symbol mit dem stilisierten Stift und Papier. Anschließend wird das Formular zum Erstellen einer E-Mail eingeblendet.

Eine neue E-Mail verfassen

Tippen Sie ggf. in das Feld **An** und geben Sie die E-Mail-Adresse des Empfängers über die eingeblendete Bildschirmtastatur ein. Bereits während der Eingabe der ersten Zeichen wird die Eingabe mit den Einträgen, die Sie schon einmal verwendet haben, abgeglichen. Falls dort passende E-Mail-Adressen gefunden werden, werden diese zur Auswahl vorgeschlagen. Sie können auch auf die Plus-Schaltfläche rechts im Feld *An* tippen und anschließend einen Ihrer Kontakte als Empfänger der E-Mail auswählen. Dies funktioniert natürlich nur mit Kontakten, für die Sie eine E-Mail-

Adresse festgelegt haben. Falls Sie für einen Kontakt mehrere E-Mail-Adressen gespeichert haben, werden diese zur Auswahl angeboten. Haben Sie für den Kontakt nur eine E-Mail-Adresse gespeichert, wird der Kontakt sofort in das Feld *An* übernommen. Tippen Sie erneut in das Feld **An**, falls Sie einen weiteren Empfänger der E-Mail angeben möchten.

Es lassen sich auch die Felder *Kopie* und *Blindkopie* anzeigen, in die Sie die Adressen von Empfängern einer Kopie der E-Mail eintragen können. Tippen Sie dazu auf **Kopie/Blindkopie**. Diese Felder werden in anderen E-Mail-Programmen häufig auch *Cc* bzw. *Bcc* genannt.

 Was ist das denn?
Cc/Bcc bzw. Kopie/Blindkopie
Empfänger im Feld "Cc/Kopie" (Carbon copy) erhalten eine Kopie der E-Mail, die Empfänger in diesem Feld sind auch für andere Empfänger der E-Mail ersichtlich. Empfänger im Feld "Bcc/Blindkopie" (Blind carbon copy) erhalten auch eine Kopie der E-Mail, sind aber für andere Empfänger der E-Mail nicht ersichtlich.

Tippen Sie in das Feld **Betreff** und geben Sie einen aussagefähigen Betreff ein. Tippen Sie anschließend in das Textfeld und verfassen Sie den gewünschten Text.

Falls Sie der E-Mail ein Foto oder Video als Anhang hinzufügen möchten, tippen Sie zunächst auf die Einfügemarke im Textfeld. Daraufhin werden die Bearbeitungsoptionen eingeblendet. Verwenden Sie die Pfeilschaltflächen an der Einblendung, um weitere Optionen anzuzeigen. Tippen Sie auf **Foto od. Video einfügen**. Anschließend können Sie ein Bild oder Video auswählen.

Wenn Sie die E-Mail fertiggestellt haben, tippen Sie oben rechts auf **Senden**.

E-Mail beantworten oder weiterleiten

Zeigen Sie zunächst den Inhalt der E-Mail an, auf die Sie antworten bzw. die Sie weiterleiten möchten. Tippen Sie dazu auf den Eintrag für die E-Mail im Eingang. Die E-Mail wird in der Einzelansicht aufgerufen. Tippen Sie hier in der Symbolleiste unten am Bildschirm auf den nach links weisenden Pfeil. Sie müssen nun entscheiden, ob Sie die E-Mail beantworten oder weiterleiten möchten.

Wählen Sie dazu aus dem eingeblendeten Menü den Eintrag **Antworten** oder **Weiterleiten**. In beiden Fällen wird der ursprüngliche Text zitiert. Wenn Sie eine E-Mail beantworten, wird in das Feld *An* automatisch die E-Mail-Adresse als Empfänger eingetragen, von der Sie die E-Mail erhalten haben. Der Text im Feld *Betreff* bleibt erhalten, es wird allerdings ein "Re:" (Engl. "Response") vorangestellt, das die E-Mail als *Antwort* kennzeichnet. Wenn Sie eine E-Mail weiterleiten, müssen Sie die E-Mail-Adresse des Empfängers selbst in das Feld *An* eintragen. Der Text im Feld *Betrefft* bleibt auch in diesem Fall erhalten, allerdings wird ein "Fwd:" (Engl. "Forward") vorangestellt, das die E-Mail als *Weiterleitung* kennzeichnet. Auch bei einer weitergeleiteten E-Mail können Sie eigenen Text in das Textfeld eingeben, z. B. um die ursprüngliche E-Mail zu kommentieren. Tippen Sie auf **Senden**, um Ihre Antwort oder Weiterleitung abzuschicken.

Eine E-Mail beantworten oder weiterleiten

E-Mails verwalten

In unserer Zeit ist die E-Mail eines der am häufigsten genutzten Kommunikationsmittel. Da bleibt es nicht aus, dass Ihr Posteingang immer voller wird. Ein voller Posteingang bedeutet aber auch, dass es immer schwieriger wird, den Überblick über die eingegangenen E-Mails zu behalten. Die App *Mail* bietet einige clevere Werkzeuge, die die Verwaltung Ihrer E-Mails vereinfachen. Natürlich ist es möglich, E-Mails in zuvor selbst angelegte Postfächer bzw. Ordner zu verschieben oder zu löschen. Sie können E-Mails aber auch über die integrierte Suchfunktion auffinden oder wichtige E-Mails mit einer Markierung versehen. E-Mails mit Markierung erscheinen dann automatisch im Ordner *Markiert*.

Postfächer anlegen und aktivieren

Um die derzeit aktiven Postfächer ggf. anzuzeigen, tippen Sie bei angezeigtem *Eingang* in der Navigationsleiste auf **Postfächer**. Tippen Sie dann oben rechts auf **Bearbeiten**. Die derzeit aktiven Postfächer werden durch ein Häkchen markiert.

Es gibt einige vorgefertigte Postfächer, die standardmäßig nicht aktiv sind. Dazu gehört beispielsweise auch das Postfach *Markiert*. Zum Aktivieren bzw. Deaktivieren eines Postfachs tippen Sie auf den entsprechenden Namen und schalten so das Häkchen ein oder aus.

Um ein neues Postfach anzulegen, tippen Sie zunächst unten am Bildschirmrand auf **Neues Postfach**. Anschließend vergeben Sie einen Namen für das Postfach und bestätigen mit **Sichern**. Das neue Postfach wird in der Liste *Postfächer* aufgeführt, kann aber hier nicht aktiviert werden. Sie müssen zunächst auf **Postfach hinzufügen** tippen, das gewünschte Postfach auswählen und **Fertig** aktivieren. Anschließend wird das Postfach auch in den oberen Teil der Liste *Postfächer* übernommen und kann aktiviert bzw. deaktiviert werden.

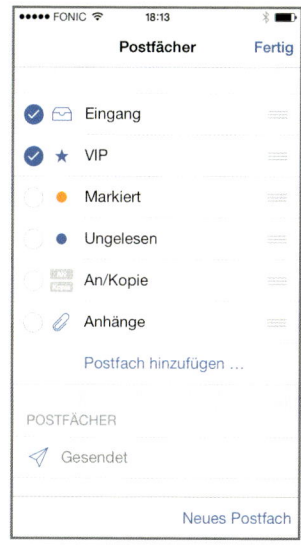

Die Liste der Postfächer bearbeiten

E-Mails in Postfächer verschieben

Wenn Sie Postfächer angelegt haben und diese aktiviert wurden, können Sie E-Mails darin ablegen und so ein auf Sie zugeschnittenes Ablagesystem erstellen. Zeigen Sie zunächst die E-Mail, die Sie verschieben möchten, in der Einzelansicht an. Tippen Sie anschließend in der Symbolleiste auf das Ordner-Symbol und wählen Sie dann den Ordner aus, in den die E-Mail verschoben werden soll. Die E-Mail wird aus dem Ursprungspostfach entfernt und im Zielpostfach abgelegt.

E-Mail löschen

Um eine E-Mail zu löschen, zeigen Sie diese zunächst in der Einzelansicht an und tippen dann in der Symbolleiste auf das Papierkorb-Symbol. Die E-Mail wird in den Papierkorb verschoben und kann durch Tippen auf **Bearbeiten** endgültig entfernt werden.

Gelöschte Nachrichten im Papierkorb

Suchfunktion verwenden

Um E-Mails zu finden, die bestimmte Suchbegriffe enthalten, stellen Sie zunächst sicher, dass eine Liste der E-Mails angezeigt wird. Es darf also keine Einzelansicht einer E-Mail aufgerufen sein. Ziehen Sie anschließend die Liste etwas nach unten. Dadurch passieren zwei Dinge: der Mail-Server wird auf neu eingetroffene E-Mails überprüft und das Suchfeld wird eingeblendet. Sie können im Suchfeld nun über die Bildschirmtastatur einen Suchbegriff eingeben. Bereits während der Eingabe wird die Suche ausgeführt. Sie können die Eingabe aber auch durch Drücken der Taste **Suchen** abschließen.

Die E-Mails, die den eingegebenen Suchbegriff enthalten, werden in einer Liste angezeigt. Der Begriff wird standardmäßig in allen E-Mails gesucht, Sie können die Suche aber auch auf E-Mails im aktuellen Postfach beschränken, indem Sie die entsprechende Schaltfläche oberhalb der Ergebnisliste verwenden. Um wieder zur zuvor angezeigten Liste der E-Mails zurückzukehren, tippen Sie auf **Abbrechen**.

Die Ergebnisliste einer Suche über alle Postfächer

Markierungen nutzen

Sie können Markierungen verwenden, um einzelne E-Mails zu kennzeichnen und so von anderen E-Mails abzuheben. Welche Bedeutung mit einer Markierung versehene E-Mails für Sie persönlich haben, hängt von Ihnen ab. Sie können beispielsweise festlegen, dass E-Mails mit Markierung besonders wichtig sind, eine weitere Bearbeitung erfordern oder von einem bestimmten Personenkreis stammen. Eine E-Mail mit Markierung wird also lediglich hervorgehoben, die Bedeutung der Markierung ist nicht festgelegt.

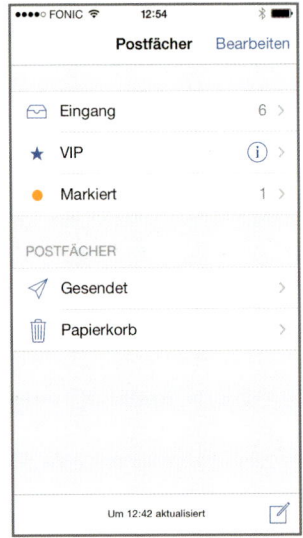
Das Postfach "Markiert" muss aktiviert sein

Markierte E-Mails werden zusätzlich zum eigentlichen Speicherort/Postfach auch im Postfach *Markiert* angezeigt. Voraussetzung dafür ist, dass Sie das Postfach *Markiert* zuvor wie bereits beschrieben aktivieren.

Um eine E-Mail mit einer Markierung zu versehen, zeigen Sie die E-Mail in der Einzelansicht an. Tippen Sie anschließend in der Symbolleiste unten auf das Icon mit der Fahne. Im daraufhin gezeigten Menü können Sie auswählen, ob eine Markierung hinzugefügt bzw. entfernt werden soll. Darüber hinaus können Sie über dieses Menü eine E-Mail als ungelesen definieren oder in das Postfach *Werbung* bewegen.

Mit einer Markierung versehene E-Mails werden in der Liste der E-Mails durch einen farbigen Punkt gekennzeichnet und automatisch zusätzlich zum aktuellen Postfach auch im Postfach *Markiert* angezeigt. Dadurch lassen sich markierte E-Mails besser wiederfinden.

Hervorhebung markierter E-Mails: farbiger Punkt

Siri

Lange Zeit nur Science-Fiction und lediglich auf der "Enterprise" allgegenwärtig: Computer, mit denen man per Sprache kommunizieren kann. Doch jetzt ist diese Technik auch in der Realität angekommen. Es gibt *Siri*, den mit natürlicher Sprache gesteuerten, persönlichen Assistenten. Mithilfe von Siri können Sie sprachgesteuert Anrufe tätigen, Nachrichten verfassen und viele Funktionen Ihres Apple-Gerätes aktivieren bzw. deaktivieren oder konfigurieren. Darüber hinaus liefert Siri Informationen aller Art. Sie können beispielsweise nach einer guten Pizzeria in der Nähe oder dem Kinoprogramm in einer bestimmten Stadt fragen.

Siri mit einigen Beispielen für mögliche Fragen

Voraussetzung für die Verwendung von Siri ist ein iPhone 4s, ein iPad der 3. Generation, ein iPad mini oder ein iPod touch der 5. Generation. Natürlich funktioniert Siri auch mit aktuelleren Versionen der angegebenen Geräte. Außerdem benötigen Sie eine Internetverbindung, da Siri einen Apple-Server verwendet, um Ihre Spracheingaben zu verarbeiten. Das Ergebnis wird dann an das jeweilige mobile Gerät gesendet.

Siri verwenden

Um Siri zu starten, halten Sie die Home-Taste solange gedrückt, bis Siri aufgerufen, der Text "Wie kann ich behilflich sein?" angezeigt und ein entsprechender Signalton ausgegeben wird. Sie können nun eine Anfrage so an Siri stellen, als handele es sich um eine reale Person, beispielsweise: "Starte die Kamera", "Zeige meine Fotos", "Schalte Bluetooth aus" oder "Wie ist das Wetter in Berlin?" Auch Fragen, die mithilfe des Internets geklärt werden können, beantwortet Siri. Hier einige Beispiele: "Was bedeutet Synonym?", "Wer war Peter Frankenfeld", "In welchen Filmen hat George Clooney mitgespielt?", oder "Wie alt ist Madonna?"

Siris Antwort auf die Frage nach dem Wetter in Berlin

Einige dieser Anfragen werden direkt von Siri beantwortet, für einige wird aber auch eine Websuche ausgeführt und eine entsprechende Liste mit den Suchergebnissen angezeigt. Tippen Sie auf einen Listeneintrag, um die zugehörige Webseite in Ihrem Webbrowser – meist Safari – aufzurufen.

Häufig erhalten Sie nach dem Ausführen der Anfrage auch eine akustische Bestätigung in Sprachform. Auf diese Weise erweckt die Verwendung von Siri beinahe den Eindruck einer "echten" Unterhaltung. Siri versteht, was Sie sagen und vor allem meist auch was Sie meinen. Daher ist es nicht nötig, spezielle Sprachbefehle zu lernen und Sie können Siri mit natürlicher Sprache verwenden.

Um einen besseren Eindruck davon zu bekommen, was mit Siri alles möglich ist, sagen Sie: "Was kannst du?" Sie erhalten anschließend eine Liste mit Beispielanfragen, die Siris Fähigkeiten veranschaulichen. Um Siri zu beenden, drücken Sie erneut die Home-Taste.

Mitteilen persönlicher Informationen für Siri

Damit Sie sich mit Siri annähernd natürlich "unterhalten" können, sollten Sie Siri möglichst viele persönliche Informationen geben bzw. Ihr Verhältnis zu bestimmten Kontakten. So werden gesprochene Anweisungen wie "Sag meiner Frau: Ich bin in einer halben Stunde da" möglich, über die dann eine entsprechende Textnachricht erstellt wird.

Hierzu legen Sie in der App *Kontakte* zunächst einen Eintrag für Sie selbst an. Definieren Sie dabei mithilfe der Felder *Zugehörige Namen* Ihre Beziehungen zu anderen Kontakten. Starten Sie dann die App *Einstellungen* und aktivieren Sie **Allgemein**. Tippen Sie auf **Siri** und dann auf **Meine Info**. Wählen Sie anschließend den Eintrag für Sie selbst aus Ihren Kontakten aus. Nachdem Sie die App *Einstellungen* beendet haben, können Sie Ihre Beziehungen zu Ihren Kontakten in Anfragen an Siri integrieren. In unserem Beispiel wurde gesagt: "Sag meinem Vater: Ich verspäte mich um 10 Minuten."

Nachricht an "Vater" sendet Siri an korrekten Kontakt

iTunes Store und App Store

iTunes ist nicht nur eine Software für Computer, über die Sie Ihre Apple-Geräte verwalten können, sondern auch ein Online-Shop für Medien, den Sie direkt über Ihr Apple-Gerät erreichen. Natürlich finden Sie den Online-Shop auch im iTunes-Programm für den Computer, wir wollen uns hier aber auf die Nutzung von iTunes auf dem iPhone oder iPad konzentrieren. Der App Store – wie der Name schon sagt, ein Online-Shop für Apps – ist ebenfalls Teil der iTunes-Software auf dem Computer, auf Apple-Geräten finden Sie für den App Store allerdings eine eigene App.

Inhalte finden

iTunes Store und App Store sind ähnlich aufgebaut und lassen sich ähnlich bedienen. Trotzdem wollen wir hier auf beide Apps eingehen. Grundsätzlich gibt es zwei Möglichkeiten, für Sie interessante Inhalte zu finden: Sie können in den verfügbaren Inhalten stöbern oder gezielt nach von Ihnen angegebenen Inhalten suchen.

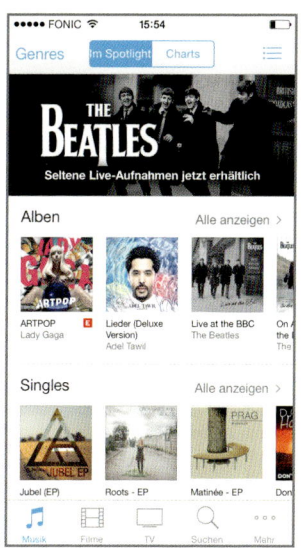

Der iTunes Store auf dem iPhone

iTunes Store

Sie rufen den *iTunes Store* über das gleichnamige Icon auf dem Home-Bildschirm auf. Am unteren Bildschirmrand der App finden Sie die zur Verfügung stehenden Medien-Kategorien *Musik*, *Filme* und *TV*. Darüber hinaus befindet sich hier ein Icon, mit dem Sie eine *Suche* nach Medien starten können. Mithilfe der Schaltfläche *Mehr* lassen sich die Kategorien *Hörbücher* und *Töne* einblenden, Sie können hier aber auch Ihre gekauften bzw. heruntergeladenen Medien erreichen. Standardmäßig ist nach dem Start der App die zuletzt ausgewählte Kategorie aktiv.

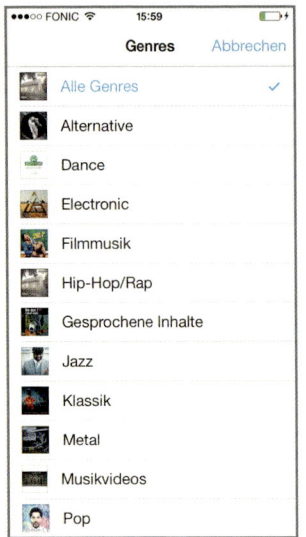

Liste der verfügbaren Genres in der Kategorie "Musik"

Die einzelnen Kategorien sind jeweils in die Gruppen *Im Spotlight* und *Charts* aufgeteilt. Über die gleichnamigen Schaltflächen am oberen Bildschirmrand können Sie zwischen diesen Gruppen umschalten. In der Gruppe *Im Spotlight* finden Sie Inhalte, die die iTunes-Redaktion vorausgewählt hat. Die Gruppe *Charts* enthält Inhalte, die momentan besonders erfolgreich sind.

Tippen Sie oben links auf *Genres*, um die angezeigten Inhalte auf ein von Ihnen gewähltes Genre einzuschränken. Mit der Genre-Auswahl *Alle Genres* heben Sie die Einschränkung wieder auf. Die Gruppen *Im Spotlight* und *Charts* funktionieren auch, wenn Sie die Inhalte auf nur ein Genre eingeschränkt haben.

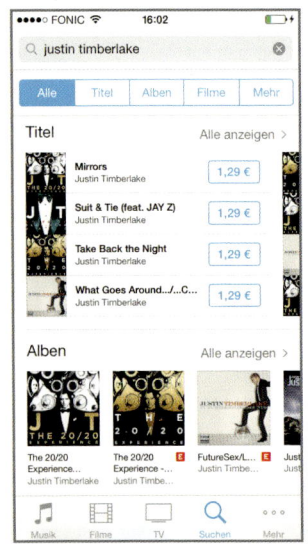

Ergebnis der Suche nach einem Künstler

Anstatt in den verschiedenen Genres zu stöbern, können Sie auch gezielt nach Inhalten suchen. Tippen Sie dazu auf das Icon *Suchen* unten am Bildschirm und geben Sie den Suchbegriff in das daraufhin angezeigte Suchfeld ein. Die im iTunes Store verfügbaren Inhalte werden durchsucht und das Suchergebnis angezeigt. Das Suchergebnis enthält Inhalte aus allen verfügbaren Kategorien und ist entsprechend gruppiert.

Unabhängig davon, ob Sie Inhalte durch Stöbern oder Suchen anzeigen, tippen Sie auf einen Inhalt, z. B. ein

Album-Cover oder einen Film-Titel, um weitere Informationen dazu zu erhalten. Bei Musik-Alben werden beispielsweise die enthaltenen Musiktitel aufgelistet, bei Filmen erhalten Sie eine Inhaltsangabe. Selbstverständlich wird auch der Preis angezeigt.

Tippen Sie auf einen Musiktitel, um einen Ausschnitt davon in einer Vorschau anzuhören. Bei einem Film können Sie stattdessen einen Trailer anschauen.

App Store

Sie rufen den *App Store* über das gleichnamige Icon auf dem Home-Bildschirm auf. Am unteren Bildschirmrand der App finden Sie die zur Verfügung stehenden Gruppierungen *Highlights*, *Topcharts* und *In der Nähe*. Darüber hinaus befindet sich hier ein Icon, mit dem Sie eine *Suche* nach Apps starten können. Mithilfe der Schaltfläche *Updates* lassen sich die verfügbaren und bereits ausgeführten Updates anzeigen. Standardmäßig ist nach dem Start des App Stores ebenfalls die zuletzt ausgewählte Gruppierung aktiv.

"Highlights" und "Topcharts – Gratis" im App Store

Die Gruppierung *Highlights* zeigt Empfehlungen der Redaktion des App Stores. *Topcharts* dagegen listet die erfolgreichsten Apps in den Einteilungen *Gekauft*, *Gratis* und *Umsatzstärkste* auf. Mit *In der Nähe* werden Apps aufgelistet, die in der Nähe Ihres aktuellen Standorts besonders beliebt sind.

Tippen Sie oben links auf *Kategorien*, um die angezeigten Inhalte auf eine von Ihnen gewählte Kategorie einzuschränken. Es stehen hier beispielsweise die Kategorien *Kinder*, *Bildung*, *Lifestyle* oder *Spiele* zur Verfügung. Mit der Kategorien-Auswahl *Kategorien* heben Sie die Einschränkung wieder auf.

Tippen Sie auf den Eintrag für eine App, um weiterführende Informationen zu erhalten. Dazu gehören Detailinformationen in Form einer *Beschreibung* und *Bildschirmfotos* der App. Außerdem können Sie Benutzer-*Rezensionen* einsehen, die oftmals eine große Hilfe bei der Entscheidung für oder gegen eine bestimmte App sind. Selbstverständlich wird auch der Preis angezeigt; kostenlose Inhalte werden mit *GRATIS* gekennzeichnet.

Download und Installation kostenloser Inhalte

Die meisten kostenlosen Inhalte finden Sie im App Store. Tippen Sie hier auf die Gruppierung *Topcharts* und wählen Sie die Einteilung *Gratis* über die entsprechende Schaltfläche oben am Bildschirm. Die Liste der erfolgreichsten Gratis-Apps wird angezeigt. Tippen Sie auf den Namen der gewünschten App, um die zugehörigen Detailinformationen einzublenden. Tippen Sie auf den Preis bzw. bei kostenlosen Inhalten auf die Schaltfläche **GRATIS**. Aktivieren Sie anschließend **INSTALLIEREN**.

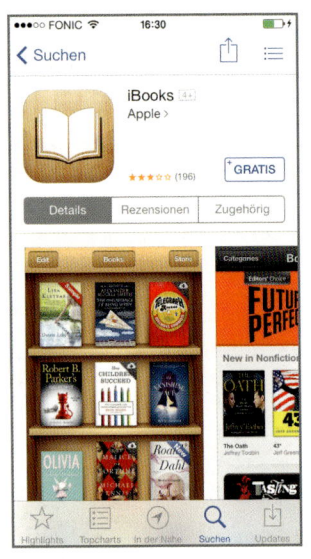
Detailinformationen für eine kostenlose App

Danach müssen Sie sich ggf. authentifizieren, indem Sie Ihr Apple-ID-Kennwort eingeben oder beim iPhone 5s mit Ihrem Fingerabdruck bestätigen. Der Download wird automatisch gestartet, das Icon für die heruntergeladene App wird auf dem Home-Bildschirm angelegt. Sie können die gerade heruntergeladene App entweder direkt im App Store starten, indem Sie auf **ÖFFNEN** tippen, oder Sie verwenden das Icon auf dem Home-Bildschirm.

Kostenpflichtige Inhalte kaufen

Um kostenpflichtige Inhalte zu kaufen, tippen Sie in den Detailinformationen zu einem Inhalt oder in einem Listeneintrag für einen Inhalt auf die Schaltfläche mit dem jeweiligen Preis. Aktivieren Sie anschließend **KAUFEN**. Geben Sie dann Ihr Apple-ID-Kennwort ein, um sich zu authentifizieren.

Es kann sogar erforderlich sein, dass Sie sich anmelden und Ihre Sicherheitsfragen beantworten müssen, um Ihre Angaben zu verifizieren. Dies trifft aber meist lediglich auf Ihren ersten Einkauf im iTunes Store oder App Store zu.

Falls Sie beim Erstellen Ihrer Apple-ID keine Zahlungsmethode angegeben haben, müssen Sie dies bei Ihrem ersten Kauf nachholen. Sie werden dazu – nachdem Sie sich authentifiziert und ggf. verifiziert haben – automatisch zu den Einstellungen für Ihren Account bzw. Ihre Apple-ID weitergeleitet. Legen Sie eine Zahlungsmethode fest und geben Sie die entsprechenden Kartendaten in die vorgegebenen Felder ein. Achten Sie dabei auch auf die korrekten Adressdaten des Karteninhabers. Bestätigen Sie abschließend mit **Fertig**. Nun müssen Sie den Kauf ggf. nochmals durch **Kaufen** bestätigen.

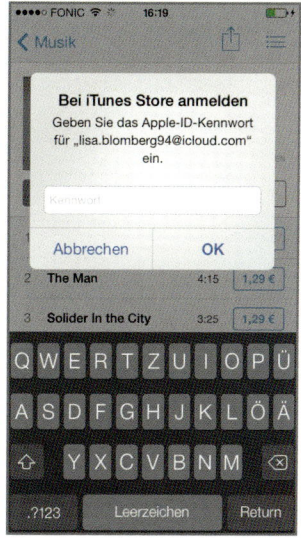

Authentifizierung beim Kauf eines Musik-Albums

Wenn Sie erst einmal eine Zahlungsmethode festgelegt haben, ist der Kaufvorgang wesentlich einfacher. Es reicht dann als Bestätigung des Kaufs die Eingabe des Apple-ID-Kennwortes aus.

Filme lassen sich übrigens nicht nur kaufen. Sie können Filme auch zu wesentlich günstigeren Preisen ausleihen. Ein ausgeliehener Film wird Ihrer Mediathek für maximal 30 Tage hinzugefügt. Wenn Sie den Film starten, haben Sie 48 Stunden Zeit, ihn zu Ende zu schauen. Danach wird der Film wieder aus Ihrer Mediathek entfernt.

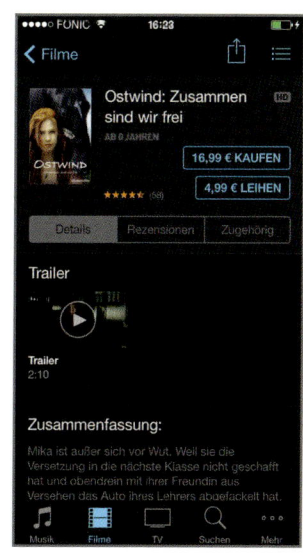

Filme kann man kaufen oder ausleihen

Verbindung aufnehmen: Datenverwaltung über iTunes

Das Computerprogramm *iTunes* dient nicht nur zur Wiedergabe der auf dem Rechner gespeicherten Musiktitel und zum Kaufen/Herunterladen von Inhalten über den Online-Shop. Vielmehr verwenden Sie das Programm auch, um Backups von Ihrem Apple-Gerät zu erstellen und diese entweder in iCloud oder direkt auf dem Computer zu speichern. Darüber hinaus können Sie über iTunes die auf Ihrem Gerät gespeicherten Musiktitel und Videos verwalten. Dabei ist es möglich, die auf dem Computer gespeicherten Medien automatisch mit dem iPhone oder iPad abzugleichen – zu synchronisieren. Sie können aber auch manuell festlegen, welche der auf dem Computer gespeicherten Medien Sie auf Ihr Apple-Gerät übertragen wollen. Auch Fotos können von Ihrem Computer aus mit dem iPhone synchronisiert werden – das manuelle Kopieren einzelner Fotos auf iPhone oder iPad ist leider ohne spezielle Apps nicht möglich.

Stellen Sie zunächst sicher, dass Sie in iTunes auf dem Computer mit Ihrer Apple-ID angemeldet sind. Holen Sie dies ggf. über das Menü und die Befehle *iTunes Store* und *Anmelden* nach. Falls bei Ihnen nun der iTunes Store angezeigt wird, wechseln Sie über die gleichnamige Schaltfläche oben rechts zur **Mediathek**.

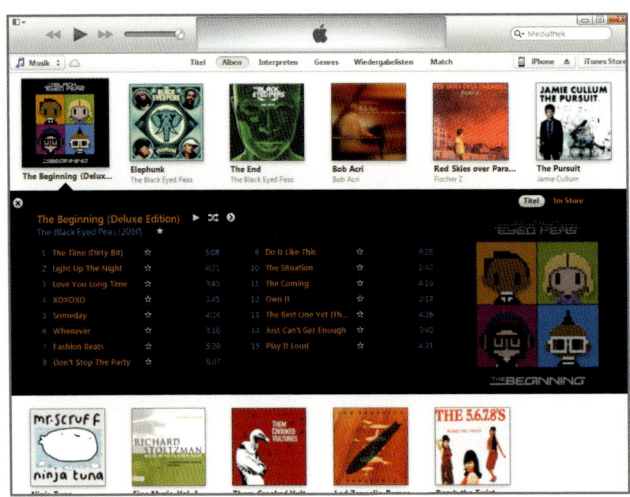

iTunes mit der Mediathek

Verbinden Sie anschließend Ihr Apple-Gerät über das USB-Kabel mit Ihrem Computer. Das Gerät wird von iTunes erkannt und in der Symbolleiste oben im Programm wird die Schaltfläche *iPhone* bzw. *iPad* angezeigt. Nachdem Sie auf die Schaltfläche geklickt haben, werden der Name des Gerätes in der Symbolleiste und eine Übersicht für das Gerät angezeigt.

Backups

Ein Backup – also eine Sicherheitskopie – Ihres Apple-Gerätes dient dazu, den zum Zeitpunkt der Backup-Erstellung bestehenden Zustand des Gerätes wiederherzustellen. Sie können ein

Backup sowohl auf dem Gerät wiederherstellen, auf dem es erstellt wurde, als auch auf einem anderen Gerät – beispielsweise ein aktuelleres iPhone, das Sie neu gekauft haben.

Wenn Sie bei iCloud angemeldet sind – wozu wir dringend raten –, können Sie ein Backup Ihres Gerätes dort speichern. Dabei werden die wichtigsten Daten auf Ihrem iPhone oder iPad in iCloud gesichert. Dazu gehören die Kaufgeschichte für Musik, Filme, TV-Sendungen und Bücher. Es werden also die Informationen zu von Ihnen gekauften Inhalten gesichert, nicht aber die Inhalte selbst. Dies spart Speicherplatz und Bandbreite beim Übertragen der Daten zu iCloud. Beim Wiederherstellen werden dann die Inhalte automatisch erneut vom jeweiligen Store geladen.

Ins iCloud-Backup eingeschlossen sind auch Fotos und Videos in Ihren Aufnahmen, Geräteeinstellungen, die Organisation des Home-Bildschirms und der Apps, iMessage-/SMS-/MMS-Nachrichten, Klingeltöne und Visual Voicemail. Daten, die bereits in iCloud gespeichert werden, z. B. Kontakte, E-Mails usw., gehören nicht mit zum Backup über iCloud.

Backup in iCloud speichern

Um das Backup über iCloud einzuschalten, klicken Sie ggf. auf die Schaltfläche **Übersicht**, um die Übersicht zum angeschlossenen Gerät anzuzeigen. Aktivieren Sie im Bereich *Backups* unter *Automatisch sichern* die Option **iCloud**. Das Backup wird nun automatisch einmal täglich ausgeführt, wenn das Gerät sich im Standby-Modus befindet, an die Stromversorgung angeschlossen ist, über eine WLAN-Verbindung verfügt und iTunes auf dem Computer geöffnet ist.

Falls Sie iCloud nicht für Backups verwenden möchten, können Sie das Backup auch auf dem Computer speichern, auf dem iTunes ausgeführt wird. Aktivieren Sie dazu in iTunes in der Übersicht für das Gerät im Bereich *Backups* die Option **Dieser Computer**. Beim Backup auf dem Computer werden auch die Daten gesichert, die standardmäßig sowieso in iCloud gespeichert werden, beispielsweise Kontakte oder Kalenderereignisse. Ein Backup wird immer dann ausgeführt, wenn Sie Ihr Gerät an den Computer anschließen und dadurch synchronisieren.

Sie können jederzeit manuell ein Backup auf dem Computer erstellen, indem Sie in der Übersicht für das Gerät im Bereich *Backups* auf **Jetzt sichern** klicken. Dies funktioniert auch dann, wenn Sie eigentlich die automatische Sicherung über iCloud verwenden.

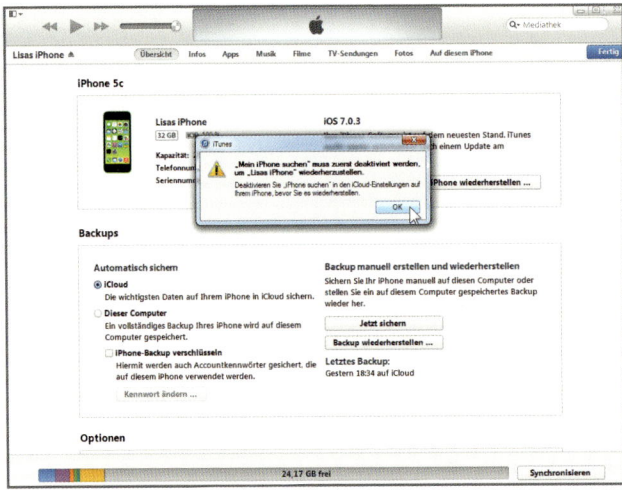

Backup wiederherstellen = "Mein iPhone suchen" deaktivieren

Um ein Backup zurückzuspielen, klicken Sie in der Übersicht für das Gerät im Bereich *Backups* auf die Schaltfläche **Backup wiederherstellen**. Falls Sie in den Einstellungen zu iCloud die Option *Mein iPhone suchen* eingeschaltet haben, müssen Sie diese deaktivieren, um ein Backup zurückspielen zu können.

Das Deaktivieren dieser Funktion müssen Sie durch die Eingabe Ihres Apple-ID-Kennwortes bestätigen. So soll verhindert werden, dass eine fremde Person den Inhalt des Gerätes mit einem eigenen Backup überschreiben kann.

Inhalte verwalten

Um Ihre Inhalte – also in erster Linie Medien wie Musik und Filme – mit iTunes zu verwalten bzw. auf Ihr Apple-Gerät zu übertragen, müssen diese zunächst einmal in Ihre *iTunes Mediathek* aufgenommen werden. Bei einigen Inhalten funktioniert dies automatisch, wenn die Inhalte auf dem Computer an den Standardspeicherorten abgelegt sind, beispielsweise bei Musiktiteln, die unter Windows in der Bibliothek *Musik* enthalten sind.

Um Inhalte zur Mediathek hinzuzufügen, blenden Sie ggf. über das Menü oben links zunächst die *Menüleiste* ein. Öffnen Sie anschließend das Menü *Datei* und wählen Sie einen der Befehle **Datei/Ordner zur Mediathek hinzufügen**. Verwenden Sie das daraufhin geöffnete Fenster, um die Datei bzw. den Ordner, den Sie zur Mediathek hinzufügen möchten, auszuwählen. Wenn Sie einen Ordner zur Mediathek hinzufügen, werden alle enthaltenen Unterordner und Dateien ebenfalls zur Mediathek hinzugefügt. Fügen Sie auf die beschriebene Weise alle Medien zur Mediathek hinzu, die Sie auf Ihr iPhone oder iPad übertragen möchten.

Inhalte zur Mediathek hinzufügen

Sie können in iTunes einstellen, welche Inhalte zwischen Computer und iPhone oder iPad/iPod synchronisiert werden sollen. *Synchronisieren* bedeutet in diesem Fall das Abgleichen der auf dem Computer gespeicherten Daten mit den Daten auf dem Apple-Gerät. Dabei werden jedoch nur die Daten auf dem iPhone/iPad an die Daten auf dem PC angepasst, nicht aber umgekehrt. Ein Musiktitel, der auf dem Computer gespeichert ist, auf dem iPhone aber nicht, wird beim Synchronisieren auf das iPhone übertragen. Ein Titel, der auf dem iPhone gelöscht wurde, auf dem Computer aber noch gespeichert ist, wird wieder auf das iPhone übertragen und nicht auf dem Computer gelöscht. Andersherum werden aber

Musiktitel, die sich auf dem iPhone befinden, auf dem Computer aber gelöscht wurden, beim Synchronisieren auch vom iPhone entfernt.

Da es beim Synchronisieren von Inhalten gar nicht so einfach ist, den Überblick zu behalten, was wann wohin kopiert wird, halten wir es für sinnvoll, Musik und Filme manuell auf das iPhone zu übertragen.

Standardmäßig sollte iTunes so konfiguriert sein, dass ein per USB-Kabel verbundenes Gerät automatisch synchronisiert wird. Allerdings sollten die verschiedenen Inhalte standardmäßig vom automatischen Synchronisieren ausgenommen sein, damit dabei keine unerwünschten Inhalte übertragen bzw. entfernt werden.

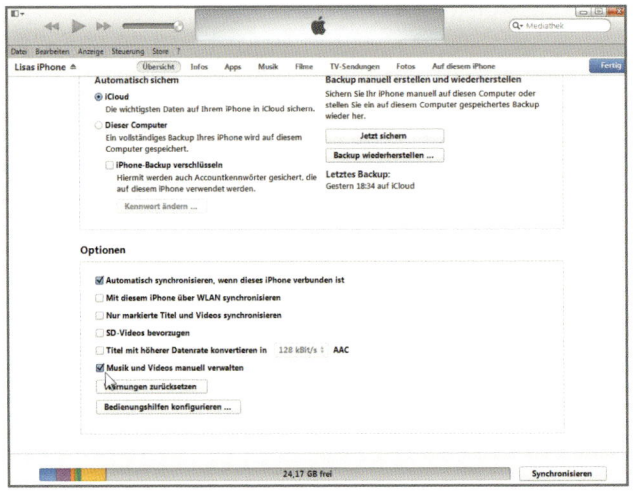

"Musik und Videos manuell verwalten" soll eingeschaltet sein

Stellen Sie sicher, dass auf dem Register *Übersicht* unter *Optionen* das Kontrollkästchen *Musik und Videos manuell verwalten* eingeschaltet ist. Wir empfehlen außerdem dringend, dies so zu belassen und auch auf den Registern *Musik* und *Filme* die automatische Synchronisation **NICHT** einzuschalten. So behalten Sie den Überblick über die auf dem Gerät gespeicherten Medien und können auch bei einer sehr umfangreichen Musik-/Video-Sammlung (größer als verfügbarer Speicherplatz auf dem Gerät) selbst festlegen, welche Medien auf dem Gerät gespeichert sein sollen.

Klicken Sie in der Symbolleiste auf **Auf diesem iPhone/iPad**, um zu überprüfen, welche Inhalte auf dem Gerät gespeichert sind. Wählen Sie links die verschiedenen Medienkategorien aus. Anschließend werden die einzelnen Inhalte, z. B. Musiktitel, aufgelistet. Sie können diese nun nach unterschiedlichen Kriterien sortieren. Klicken Sie dazu auf die Spaltenkopfbeschriftung des jeweiligen Kriteriums, beispielsweise *Name*, *Interpret* oder *Album*.

Entfernen von Musik und Videos vom iPhone/iPad

Markieren Sie in der Liste die Inhalte, die Sie vom iPhone oder iPad entfernen möchten. Klicken Sie anschließend mit der rechten Maustaste auf die Markierung und wählen Sie im Kontextmenü den Eintrag **Löschen**. Sie können stattdessen auch die Taste Entf drücken, um markierte Inhalte zu löschen. Nachdem Sie die Sicherheitsabfrage bestätigt haben, werden die zuvor markierten Elemente aus der Liste der Geräte-Inhalte entfernt. Klicken Sie unten rechts auf die Schaltfläche **Synchronisieren**, um die soeben getroffene Einstellung auf das iPhone oder iPad zu übertragen. Die zuvor ausgewählten Inhalte werden beim Synchronisieren vom iPhone oder iPad entfernt, auf dem Computer bleiben die Inhalte erhalten.

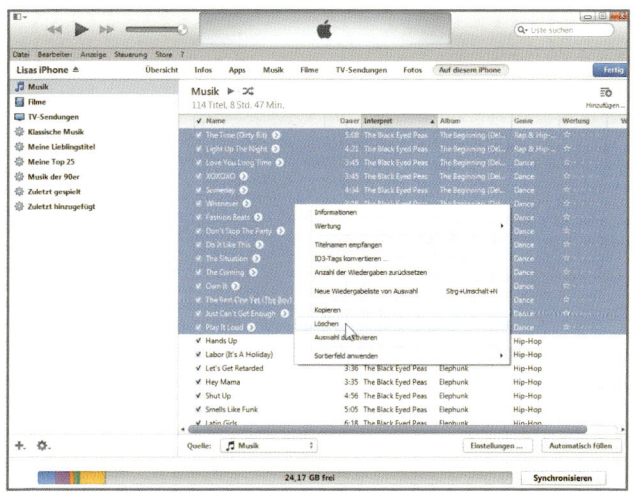

Musiktitel vom iPhone entfernen

Hinzufügen von Musik und Videos

Um Musiktitel oder Videos zu Ihrem iPhone oder iPad hinzuzufügen, zeigen Sie zunächst ggf. durch einen Klick auf **Fertig** in der Symbolleiste wieder die Mediathek an. Hier werden die auf Ihrem Computer gespeicherten Musiktitel und Videos aufgelistet. Über die Schaltfläche oben links in der Symbolleiste lässt sich zwischen *Musik*, *Filmen*, *TV-Sendungen* usw. umschalten. Wählen Sie über diese Schaltfläche beispielsweise die Kategorie *Musik*.

Standardmäßig wird die auf dem Computer gespeicherte Musik in *Alben* gruppiert angezeigt. Die entsprechende Schaltfläche in der Symbolleiste ist markiert. Sie können über die anderen Schaltflächen in der Symbolleiste eine andere Gruppierung wählen, beispielsweise *Titel* oder *Interpreten*.

Falls Sie mehrere der angezeigten Elemente zugleich zum iPhone oder iPad übertragen möchten, markieren Sie diese zunächst. Klicken Sie nun auf das einzelne Objekt oder die Markierung und ziehen Sie diese per Drag & Drop nach rechts. Dabei wird auf der rechten Seite von iTunes ein Arbeitsbereich eingeblendet, der die Listen *Geräte* und *Wiedergabelisten* enthält. In der Liste *Geräte* wird Ihr iPhone oder iPad aufgeführt.

Ein Musik-Album zum iPhone hinzufügen

Ziehen Sie das Objekt oder die Markierung auf den Eintrag für Ihr Gerät in der Liste. Lassen Sie dort die Maustaste los. Anschließend werden die ausgewählten Elemente auf das iPhone oder iPad übertragen. Dabei werden die Daten lediglich kopiert, bleiben also auf dem Computer ebenfalls erhalten.

Fotos verwalten

Die Verwaltung von Fotos mit iTunes und einem Computer ist etwas knifflig, da für die verschiedenen Aufgaben unterschiedliche Vorgehensweisen erforderlich sind. So verwenden Sie beispielsweise iTunes, um Fotos, die auf Ihrem Computer gespeichert sind, auch auf dem iPhone oder iPad anzeigen zu können. Für die Übertragung von mit dem iPhone gemachten Fotos auf den Computer kommt iTunes jedoch nicht zum Einsatz.

Fotos von iPhone oder iPad auf Computer übertragen

Wenn Sie Ihr iPhone oder iPad mit dem USB-Kabel an den Computer anschließen, wird dieses abhängig vom verwendeten Betriebssystem unterschiedlich vom Computer erkannt. Es kann sein, dass das angeschlossene Gerät als Kamera interpretiert wird. In diesem Fall startet meist ein Assistent, mit dem Sie die auf dem iPhone oder iPad erstellten Fotos wie von einer Digitalkamera auf den Computer übertragen können. Innerhalb eines solchen Assistenten können Sie meist festlegen, ob die Fotos auf dem iPhone oder iPad nach der Übertragung auf dem Computer gelöscht werden sollen.

Häufig wird das angeschlossene Gerät aber auch als externes Speichermedium, vergleichbar mit einem USB-Stick, interpretiert. In diesem Fall ist es am einfachsten, den Dateimanager des Betriebssystems zu verwenden, um die Fotos vom iPhone oder iPad auf den Computer zu übertragen. Unter Windows starten Sie beispielsweise den Explorer, zeigen den Inhalt des angeschlossenen Gerätes an und schneiden die gewünschten Fotos aus bzw. kopieren diese in einen Ordner auf Ihrem Computer. Über den Explorer lassen sich auch Fotos direkt auf dem iPhone oder iPad löschen. Seien Sie dabei aber vorsichtig, auf dem Gerät gelöschte Fotos lassen sich nicht wiederherstellen!

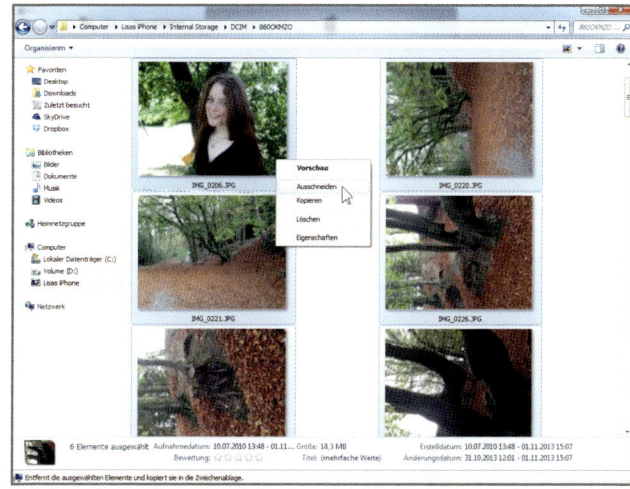

Fotos vom iPhone ausschneiden

Fotos auf dem Computer auch auf iPhone oder iPad anzeigen

Leider ist es nicht so einfach möglich, Fotos mit Bordmitteln des Betriebssystems auf ein iPhone oder iPad zu übertragen. Hier kommt iTunes zum Einsatz.

Es hat sich als sinnvoll herausgestellt, auf dem Computer einen Ordner anzulegen, der weitere Ordner enthält, die ihrerseits die Fotos enthalten, die auch auf dem Apple-Gerät angezeigt werden sollen. Dabei ist es egal, wie Sie diesen Ordner nennen. Verwenden Sie beispielsweise den Ordnernamen "##iPhone". Legen Sie in diesem Ordner weitere Ordner an, die Sie thematisch korrekt bezeichnen, z. B. "Urlaub2013", "Mallorca" oder "Geburtstag Tante Hilde". In diesen Ordnern wiederum speichern Sie die gewünschten Fotos.

Die Idee dahinter ist folgende: Sie synchronisieren den Inhalt des Ordners "##iPhone". Dadurch werden die darin enthaltenen Ordner auf dem iPhone in der Foto-App als Alben angezeigt, die wiederum die in den Ordnern gespeicherten Fotos enthalten. Die Alben sind mit dem Namen des jeweiligen Ordners bezeichnet. Wenn Sie nun weitere Ordner oder Fotos in den Ordner ##iPhone kopieren, werden nach dem nächsten Synchronisieren auch diese Ordner bzw. Alben und Fotos auf dem iPhone oder iPad angezeigt.

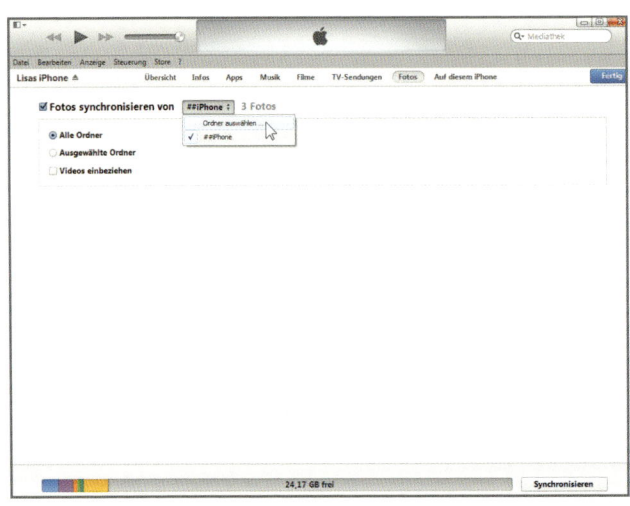

Synchronisieren von Fotos aktivieren, Ordner festlegen

Um festzulegen, welche Foto-Ordner Ihres Computers auch auf dem iPhone oder iPad angezeigt werden, starten Sie ggf. iTunes, verbinden Ihr Apple-Gerät mit dem Rechner und klicken in der Symbolleiste rechts oben auf **iPhone/iPad**.

Klicken Sie anschließend auf **Fotos** und aktivieren Sie das Kontrollkästchen **Fotos synchronisieren von**. Aktivieren Sie anschließend die Schaltfläche rechts davon. Wahrscheinlich ist diese in Ihrem Fall noch mit *Eigene Bilder* beschriftet.

Klicken Sie im daraufhin angezeigten Menü auf den Befehl **Ordner auswählen**. Legen Sie im dann geöffneten Fenster den gewünschten Ordner fest. In unserem Beispiel ist dies der Ordner *##iPhone*. Bestätigen Sie mit der Schaltfläche **Ordner auswählen**. Vergewissern Sie sich, dass unter *Fotos synchronisieren von* die Option *Alle Ordner* ausgewählt ist. Dies bezieht sich nicht auf alle Ordner des Computers, sondern auf alle Ordner, die sich in dem Ordner befinden, den Sie über die Schaltfläche festgelegt haben.

Bestätigen Sie anschließend Ihre Einstellungen mit **Anwenden** und aktivieren Sie **Synchronisieren**. Danach werden die ausgewählten Fotos auf das iPhone oder iPad übertragen und können über die Foto-App des Gerätes angeschaut werden.

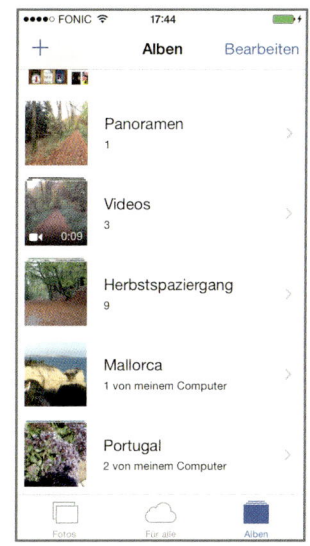

Alben "Portugal" und "Mallorca" stammen vom Computer

Multimedia mit iPhone und iPad: Musik, Videos und E-Books

iPhone und iPad werden mindestens genauso häufig zur Unterhaltung wie zur Kommunikation genutzt. Daher wollen wir Ihnen hier die wichtigsten Apps zur Multimedianutzung kurz vorstellen.

Die App "Musik"

Die Musik-App ist auf jedem iPhone vorinstalliert. Sie wird so häufig verwendet, dass das zugehörige Icon im Dock platziert wurde und so von jedem Home-Bildschirm aus zugänglich ist.

Nach dem Start der App wird bei waagerecht gehaltenem iPhone eine Übersicht über die verfügbaren Musik-Alben in Form der Cover angezeigt. Tippen Sie auf ein Album-Cover, um die enthaltenen Musiktitel anzuzeigen. Tippen Sie auf einen Musiktitel, um die Wiedergabe des Titels zu starten. Daraufhin werden Bedienelemente eingeblendet, mit denen Sie die Wiedergabe steuern können. Sie können die Wiedergabe pausieren sowie zum nächsten oder vorherigen Titel innerhalb des Albums springen.

Kontrollzentrum mit Steuerelementen für Wiedergabe

Während der Wiedergabe können Sie die Musik-App über die Home-Taste verlassen und Ihr iPhone oder iPad anderweitig verwenden. Die Musikwiedergabe läuft dabei weiter. Sie können die Wiedergabe beeinflussen, indem Sie die Steuerelemente im Kontrollzentrum verwenden. Um die Musik-App wieder aufzurufen, tippen Sie erneut auf das entsprechende Icon oder verwenden die Liste der geöffneten Apps (Doppel-Tipp auf Home-Taste).

Wenn Sie das iPhone senkrecht halten, wird am unteren Bildschirmrand eine Symbolleiste angezeigt, über die Sie die auf dem Gerät gespeicherten Musiktitel in unterschiedlichen Gruppierungen anzeigen lassen können. Hier stehen beispielsweise *Interpreten* oder *Titel* zur Auswahl. Tippen Sie auf **Mehr**, um weitere Gruppierungen einzublenden. Hierzu gehören die *Alben* und auch *Genres*.

Haben Sie sich für eine Gruppierungen entschieden, werden die Musiktitel entsprechend präsentiert. Die Gruppierung *Interpreten* listet beispielsweise alle Künstler alphabetisch auf, von denen die Musik auf Ihrem Gerät stammt. Wenn Sie einen der Künstler auswählen, werden die auf Ihrem Gerät gespeicherten Alben des Interpreten und auch die zugehörigen Musiktitel aufgelistet. Tippen Sie auf einen Musiktitel um die Wiedergabe zu starten. Die Musiktitel werden in der angezeigten Reihenfolge gespielt. Ist dabei der letzte Titel eines Albums erreicht, wird mit dem ersten Titel des nächsten Albums fortgefahren. So können Sie ohne Unterbrechung alle auf dem Gerät gespeicherten Titel eines Interpreten hören.

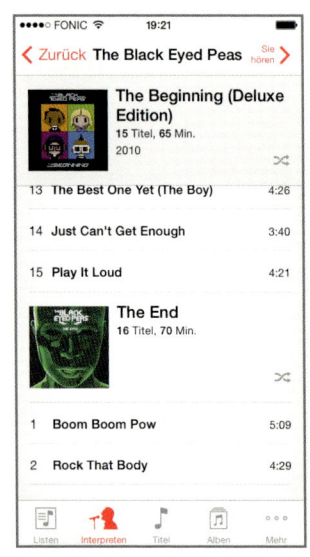

Ein "Interpret" in der Übersicht

Während der Wiedergabe wird eine Detailansicht für den jeweiligen Titel angezeigt, in der auch entsprechende Bedienelemente eingeblendet werden. Hier haben Sie neben der Steuerung der Wiedergabe auch die Möglichkeit, die Lautstärke mit einem Schieberegler festzulegen. Außerdem können Sie angeben, ob Sie ggf. nur den gerade gespielten Titel oder alle Titel des Interpreten wiederholen möchten. Tippen Sie dazu auf **Wiederholen** und verwenden Sie das daraufhin eingeblendete Menü. Auch die zufällige Wiedergabe von Titeln des Interpreten lässt sich hier einschalten. Tippen Sie dazu auf **Zufällig**. Zurück zur Übersicht gelangen Sie mit der Pfeilschaltfläche oben links in der App.

Die beschriebenen Bedienelemente finden Sie in nahezu allen Gruppierungen wieder und werden dort dann sinngemäß eingesetzt. Beispielsweise können Sie sämtliche auf dem Gerät gespeicherten Titel in zufälliger Reihenfolge abspielen, indem Sie zunächst die Gruppierung *Titel* wählen und anschließend auf die Schaltfläche **Zufällig** tippen.

Detailansicht eines Titels während der Wiedergabe

Die App "Videos"

Die Video-App ist ebenfalls auf jedem iPhone/iPad vorinstalliert. Sie können damit Ihre im iTunes Store gekauften oder gemieteten Filme ansehen. Auch Videos, die Sie von Ihrem Computer per iTunes-Programm auf Ihr iPhone oder iPad übertragen haben, können Sie damit anschauen.

Starten Sie die App, indem Sie auf das entsprechende Icon tippen. Am unteren Bildschirmrand werden die verfügbaren Video-Kategorien angezeigt. Diese hängen davon ab, welche Arten von Videos auf Ihrem iPhone oder iPad gespeichert sind. Wählen Sie eine Kategorie aus, um die entsprechenden Videos aufzulisten.

Über **Bearbeiten** können Sie Videos von Ihrem Gerät entfernen. Mit Ausnahme von den im iTunes Store ausgeliehenen Videos werden diese nur vom Gerät entfernt und stehen auf Ihrem Computer weiterhin zur Verfügung. Mit **Store** gelangen Sie zum iTunes Store und können darüber weitere Filme kaufen oder ausleihen.

Ein Video in der Kategorie "Ausgeliehen"

Tippen Sie auf ein Video, um die Wiedergabe zu starten. Das Video wird abgespielt und es werden entsprechende Bedienelemente eingeblendet. Sie können das Video pausieren, die Lautstärke anpassen und über einen Schieberegler die Wiedergabeposition festlegen. Wenn Sie auf einen freien Bereich des Bildschirms tippen oder die Bedienelemente einige Sekunden nicht verwenden, werden diese ausgeblendet.

Bedienelemente bei der Wiedergabe eines Videos, Detailinfos nach dem Tippen auf "Fertig"

Wenn Sie die Video-App über die Home-Taste während der Wiedergabe des Videos verlassen, wird die Wiedergabe automatisch pausiert. Kehren Sie zur Video-App zurück, können Sie die Wiedergabe an derselben Position fortsetzen, indem Sie auf die Wiedergabe-Schaltfläche tippen.

Tippen Sie auf **Fertig**, um die Wiedergabe zu beenden und Detailinformationen zum Video anzuzeigen. Tippen Sie dort auf die Wiedergabe-Schaltfläche, um die Wiedergabe an derselben Position fortzusetzen. Verwenden Sie die Navigationsleiste, um wieder zurück zur gewählten Videokategorie zu gelangen und die Übersicht anzuzeigen.

Die App "iBooks"

Mit der App "iBooks" können Sie Ihre E-Books verwalten und lesen. Außerdem lässt sich über iBooks der Store öffnen, in dem Sie neue E-Books kaufen können. Hier finden Sie übrigens auch einige E-Books, die kostenlos heruntergeladen werden können. Die App ist nicht auf dem iPhone oder iPad vorinstalliert, kann aber kostenlos aus dem App Store bezogen werden. Nach dem Download starten Sie die App, indem Sie auf das Icon **iBooks** tippen. Nach dem ersten Start wird ein leeres Bücherregal angezeigt.

Tippen Sie auf **Store**, um den integrierten Online-Shop für Bücher aufzurufen. Von der Bedienung her funktioniert dieser ähnlich wie der iTunes Store. Sie können das Angebot entsprechend einschränken, wenn Sie auf **Im Spotlight**, **Top-Charts** oder **Top-Autoren** tippen. Außerdem lässt sich das gesamte Angebot durchsuchen. In den Top-Charts finden Sie auch eine Auflistung kostenloser Bücher, darunter auch das Benutzerhandbuch für iPhone/iPad in einer E-Buch-Version.

Einige Bücher im Bücherregal der App "iBooks"

Bevor Sie ein Buch kaufen, können Sie einen Auszug des Buches herunterladen und sich so einen Eindruck davon verschaffen. Heruntergeladene Bücher und auch Auszüge von Büchern werden automatisch im Bücherregal der App *iBooks* platziert.

Sie können auch E-Books im ePub-Format und PDF-Dokumente mit iBooks verwalten und lesen. Verwenden Sie iTunes, um die Bücher/Dokumente auf das Gerät zu bekommen. Fügen Sie dazu zunächst die gewünschten PDF- oder ePub-Dateien zur iTunes-Mediathek hinzu. Anschließend können Sie diese – ähnlich wie für Musiktitel beschrieben – mit dem iPhone/iPad synchronisieren.

iBooks verwaltet Ihre Bücher mithilfe von *Sammlungen*, die über die mittlere Schaltfläche oben in der App erreichbar und konfigurierbar sind. PDF-Dateien (synchronisiert oder per E-Mail erhalten und in iBooks geöffnet) werden beispielsweise automatisch der Sammlung *PDFs* hinzugefügt.

Standardmäßig werden Ihre Bücher in einem Buchregal präsentiert. Sie können aber auch eine *Listenansicht* der Bücher einschalten, indem Sie das Buchregal etwas nach unten ziehen und die entsprechende Schaltfläche antippen. Nach dem Herunterziehen des Buchregals wird auch das *Suchfeld* sichtbar, über das Sie die Anzeige der Bücher einschränken können.

Ein Buch lesen mit "iBooks"

Tippen Sie auf ein Buch, das Sie lesen möchten. Tippen oder wischen Sie, um die Seiten "umzublättern". Am unteren Bildschirmrand wird die Seitenzahl angezeigt, die Sie über einen Schieberegler schnell anpassen können. Halten Sie Ihren Finger auf einem Wort im Text, um über die eingeblendeten Optionen eine *Markierung* oder *Notiz* hinzuzufügen. Über die Schaltflächen oben rechts in der App können Sie die Bildschirmhelligkeit, Schriftgröße und Schriftart festlegen, das Buch nach Stichwörtern durchsuchen und Lesezeichen setzen. Links oben finden Sie eine Schaltfläche zum Einblenden eines Inhaltsverzeichnisses. Hier haben Sie auch Zugriff auf Ihre Lesezeichen und Notizen. Über die Schaltfläche *Bibliothek* gelangen Sie zurück zum Bücherregal bzw. zur Liste der Bücher. Dabei merkt sich iBooks Ihre aktuelle Leseposition und beim nächsten Aufruf des Dokuments können Sie an derselben Stelle weiterlesen.

iPhone und iPad erweitern: Apps

Apple Apps

Auf den folgenden Seiten wollen wir Ihnen einige häufig verwendete Apps kurz vorstellen. Wir gehen dabei zunächst auf einige Apps von Apple ein, die eigentlich auf jedem Apple-Gerät vorinstalliert sein sollten. Falls das bei Ihrem Gerät nicht der Fall ist, können Sie diese – wie auch die im weiteren Verlauf vorgestellten Apps von "Fremdherstellern" – im App Store herunterladen.

Hier eine Auswahl der von Apple mitgelieferten Apps:

Kalender

Der Kalender ist eine häufig genutzte App, mit deren Hilfe Sie Termine organisieren können. Wechseln Sie über die Navigationsleiste zwischen Jahren und Monaten und tippen Sie auf den Tag, für den Sie einen Termin – ein "Ereignis" – festlegen wollen. Tippen Sie dann auf das Plus-Zeichen, um das Ereignis zu definieren.

Sie haben dabei die Möglichkeit, einen *Titel* und einen *Ort* festzulegen, sowie *Beginn* und *Ende* des Ereignisses anzugeben. Dabei können auch Zeiträume über mehrere Tage festgelegt oder der aktuelle Tag durch ein *ganztägiges* Ereignis geblockt werden. Für sich wiederholende Ereignisse können Sie das gewünschte Intervall von *Niemals* über *Täglich* und weitere Zeiträume bis zu *Jährlich* festlegen. Außerdem können Sie *Teilnehmer* für ein Ereignis definieren und sich – auch mehrfach – an das Ereignis erinnern lassen.

Kalender mit eingetragenem Termin/Ereignis

Wetter

Die Wetter-App verwendet standardmäßig die Ortungsdienste, um Ihre aktuelle Position zu bestimmen und den Wetterbericht für den entsprechenden Ort anzuzeigen. Sie können aber auch beliebige Orte fest einstellen, um für diese eine Wettervorhersage für den aktuellen und die fünf folgenden Tage zu erhalten.

Tippen Sie dazu zunächst auf die Schaltfläche für die Liste der Orte rechts unten am Bildschirmrand. Hier können Sie mithilfe der Schaltfläche links unten zwischen *Grad Celsius* und *Fahrenheit* umschalten. Tippen Sie auf das Plus-Zeichen rechts unten, um weitere Orte hinzuzufügen. Geben Sie anschließend den Namen oder die Postleitzahl des neuen Ortes in das Suchfeld ein und tippen Sie auf das passende Suchergebnis. Der Ort wird hinzugefügt und Sie erhalten künftig auch dessen Wettervorhersage. Tippen Sie auf einen Ort, um zur Einzelansicht zu gelangen, wechseln Sie dort durch Wischen zu anderen Orten.

Die Wettervorhersage für Honolulu

Der Timer läuft ab

Uhr

Die App *Uhr* zeigt bereits auf ihrem Icon auf dem Home-Bildschirm die aktuelle Uhrzeit an, kann aber natürlich noch viel mehr. Nach dem Start der App lässt sich über Schaltflächen unten am Bildschirm zwischen den Funktionen *Weltuhr*, *Wecker*, *Stoppuhr* und *Timer* umschalten.

Die *Weltuhr* zeigt die Uhrzeit für verschiedene Orte auf der Welt an. Sie können die Orte über das Plus-Zeichen und eine Liste auswählen und so selbst festlegen. Sie können mehrere *Wecker* bzw. Weckzeiten definieren und dabei festlegen, ob und an welchen Tagen diese wiederholt werden sollen. Beispielsweise beim Sport können Sie die *Stoppuhr* zum Einsatz bringen. Hier lassen sich absolute Zeiten und auch Runden stoppen. Besonders praktisch für das Frühstücksei oder perfekt zubereiteten Tee ist der *Timer*, mit dem Sie nahezu beliebige Zeiten runterzählen lassen können. Übrigens lassen sich Wecker und Timer auch mithilfe von Siri per Sprachsteuerung festlegen. Sehr praktisch …

Karten

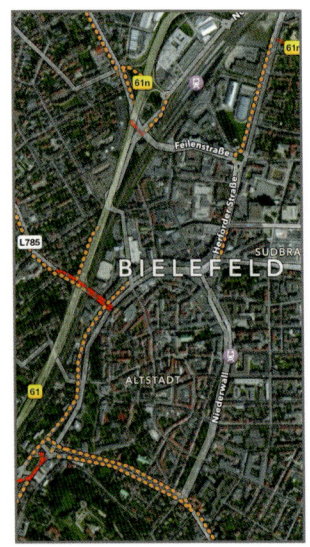

Satellitenansicht mit Infos zur Verkehrslage

Mit der App *Karten* liegt Ihnen die ganze Welt zu Füßen. Sie können Karten beliebiger Orte anzeigen oder auch einfach nur Ihren eigenen Standort feststellen.

Mit der Suche in *Karten* haben Sie ein mächtiges Werkzeug zur Verfügung, das Ihnen hilft, Adressen von Personen, Institutionen, Geschäften usw. ausfindig zu machen. Sie können damit aber auch einfach nach der nächsten Apotheke im Umkreis suchen. Die Kartendarstellung lässt sich vielfach anpassen. So ist es beispielsweise möglich, eine Straßenkarte darzustellen oder diese in ein entsprechendes Satellitenbild einzublenden. Auch die aktuelle Verkehrslage kann in die Karte eingeblendet werden. So sehen Sie gleich, wo Sie besser nicht entlangfahren.

Eine der wichtigsten Funktionen der Karten-App ist die Routenplanung. Sie können dabei einen Start- und Zielpunkt eingeben und der App die Berechnung der Route überlassen. Dabei wird sogar das von Ihnen gewählte Transportmittel berücksichtigt: Für einen Pkw wird eine andere Route berechnet als für ein Fahrrad oder einen Fußgänger.

Anschließend werden ggf. mehrere Alternativrouten in der Karte angezeigt, zwischen denen Sie frei wählen können. In der aktuellen Version der App ist sogar eine sprachgesteuerte Navigation integriert, die Sie Schritt für Schritt ans Ziel bringt. Voraussetzung dafür, die Karten-App in vollem Umfang zu nutzen, ist die Aktivierung der Ortungsdienste in den Einstellungen.

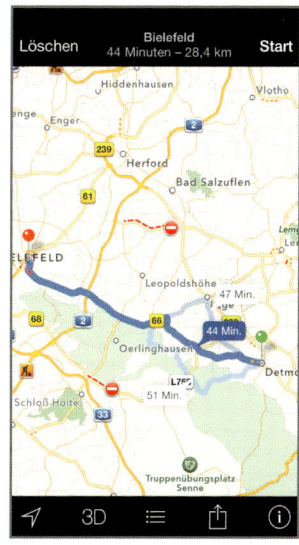

Eine Route in der Übersicht

Notizen

Nichts mehr vergessen, dank der App *Notizen*! Diese App ist prima dazu geeignet, eine Einkaufsliste o. Ä. "zu Papier" zu bringen.

Nach dem Start der App sehen Sie eine Übersicht der vorhandenen Notizen. Diese sind nicht unter einem speziellen Namen abgespeichert, sondern zeigen den ersten Eintrag in der Notiz und das Datum, an dem die Notiz verfasst wurde. Tippen Sie auf den Eintrag für eine vorhandene Notiz und lesen Sie deren Inhalt oder aktivieren Sie **Neu**, um eine weitere Notiz zu erstellen. Bereits bestehende Notizen lassen sich erweitern oder bearbeiten, indem Sie in die Notiz tippen. Tippen Sie auf **Notizen** in der Navigationsleiste, um zurück zur Übersicht der Notizen zu gelangen. Dabei wird die aktuelle Notiz gespeichert.

Eine bestehende Notiz bearbeiten

Notizen können selbstverständlich gelöscht werden. Zeigen Sie den Inhalt der betreffenden Notiz an und tippen Sie auf das Papierkorb-Symbol. Notizen lassen sich problemlos per AirDrop, als Nachricht oder E-Mail weitergeben.

Erinnerungen

Die App *Erinnerungen* hilft Ihnen, den Überblick über anstehende Termine und Aufgaben zu behalten. Die einzelnen Erinnerungen können in eigens erstellten Listen gespeichert und so thematisch organisiert werden.

Eine Erinnerungsliste mit drei Erinnerungen

Wenn Sie eine neue Erinnerung erstellen, können Sie festlegen, ob es sich um eine Standard-Erinnerung, eine tagesabhängige Erinnerung oder eine ortsabhängige Erinnerung handelt. Für eine Standard-Erinnerung legen Sie lediglich eine Bezeichnung fest. Tagesabhängige Erinnerungen versehen Sie dagegen zusätzlich mit dem Datum und der Uhrzeit der Fälligkeit. Sie werden dann über einen Alarm zum richtigen Zeitpunkt erinnert. Bei ortsabhängigen Erinnerungen können Sie festlegen, ob Sie bei der Ankunft an einem definierten Ort oder beim Verlassen des Ortes erinnert werden wollen. Eine Erinnerung kann auch orts- und tagesabhängig sein.

Aktien

Mit der App *Aktien* bleiben Sie über die Entwicklungen an den Börsen der Welt und Ihres eigenen Aktienportfolios informiert. Sie können Wertänderungen von Aktien anzeigen und erhalten aktuelle Börsennachrichten.

Die App "Aktien" mit der Kursentwicklung von Apple

Die aktuellen Kurse ausgewählter Unternehmen und Indizes werden nach dem Start der App in einer Liste angezeigt. Wählen Sie einen der Listeneinträge, um unterhalb der Liste Detailinformationen zum Eintrag, eine Verlaufskurve der Kursentwicklung oder zum Eintrag passende Börsennachrichten einzublenden.

Über das Menü der App können Sie die Liste verwalten und weitere Unternehmen oder Indizes hinzufügen. Außerdem können Sie festlegen, ob Sie Kursänderungen der Aktien als Prozentwert oder absolut anzeigen wollen. Auch das Marktkapital der Unternehmen kann angezeigt werden.

Weitere Apps verschiedener Hersteller

Die im Folgenden aufgeführten Apps sind teilweise kostenlos, einige davon jedoch ggf. auch kostenpflichtig. Wie haben uns hier auf Apps beschränkt, die momentan besonders erfolgreich bzw. populär sind. Im App Store finden Sie eine Vielzahl weiterer Apps.

WhatsApp Messenger

WhatsApp dient der Kommunikation mit anderen Personen. Jeder WhatsApp-Teilnehmer wird anhand seiner Telefonnummer identifiziert. Auf Computern funktioniert WhatsApp daher nicht.

Einer der großen Vorteile des Programms ist, dass Sie damit plattformübergreifend mit Personen auf der ganzen Welt mobil kommunizieren können. Plattformübergreifend bedeutet in diesem Fall, dass WhatsApp für Android, iPhone, BlackBerry, Nokia S40, Symbian und Windows Phone erhältlich ist und alle untereinander kommunizieren können.

WhatsApp einrichten

Im Gegensatz zu normalen SMS ist die Nutzung von WhatsApp quasi kostenlos, da derselbe Datentarif verwendet wird, über den Sie auch mobil surfen oder E-Mails versenden. Die App selbst ist aber nur im ersten Jahr kostenlos, anschließend wird pro Jahr eine Gebühr von derzeit 0,89 EUR fällig – dafür werden Sie aber auch nicht durch Werbung belästigt. Haben Sie die mobile Datennutzung am Gerät ausgeschaltet, funktioniert WhatsApp nur, wenn Sie sich an einem WLAN-Netz anmelden.

Primär wird WhatsApp für das Versenden und Empfangen von Textnachrichten verwendet. Es ist aber auch möglich, Fotos und Videos zu verschicken. Darüber hinaus können Sie direkt in der App Sprachnachrichten aufzeichnen, die dann an den Empfänger versendet werden.

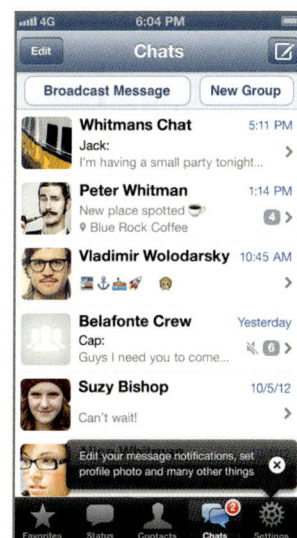

Die Liste der Chats

Die einzelnen Nachrichten werden in sogenannten Chats zusammengefasst. Die Chats sind chronologisch sortiert und umfassen jeweils alle Nachrichten an eine Person oder Gruppe.

Facebook, Google+, Twitter

Soziale Netzwerke sind aus der heutigen Gesellschaft nicht mehr wegzudenken. Da es bei dieser Art von Vernetzung vielfach um Spontanität geht, ist klar, dass *Facebook*, *Google+* und *Twitter* auch auf mobilen Geräten zu Hause sind. So können Sie auch unterwegs mit Freunden und Bekannten in Kontakt bleiben. Studien zufolge verwenden derzeit 99,4 Prozent der aktiven Facebook-Mitglieder Ihre mobilen Geräte, um das soziale Netzwerke auch unterwegs zu nutzen und beispielsweise Kommentare zu hinterlassen.

  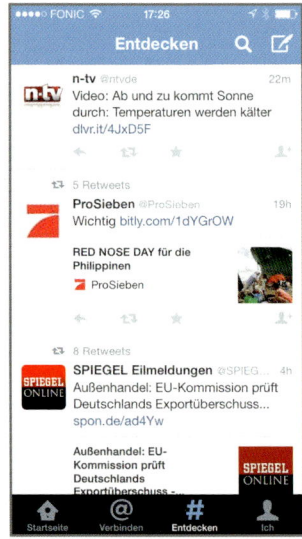

Die Apps von Facebook, Google+ und Twitter

Grundsätzlich können Sie mit den jeweiligen Apps die sozialen Netzwerke wie am stationären PC nutzen. Natürlich ist es auch möglich, ein Foto, das Sie mit Ihrem Smartphone gemacht haben, direkt in Facebook, Google+ oder Twitter zu verwenden. So werden die technischen Möglichkeiten der mobilen Geräte direkt mit den sozialen Netzwerken verknüpft.

Skype

Skype ist ein Dienst, über den Sie kostenlos mit anderen Skype-Nutzern kommunizieren können. Sie verwenden dazu eine Daten- oder WLAN-Verbindung und können Textnachrichten verschicken oder Sprach- und Videoanrufe tätigen. Auch das Versenden von Fotos ist kein Problem. Außerdem ist es möglich, reguläre Handy- und Festnetznummern anzurufen. Anrufe ins Handy- oder Festnetz sind allerdings nicht kostenfrei.

Skype ist plattformübergreifend verfügbar. Sie können es auf Smartphones, Computern, Spielkonsolen und sogar auf einigen Fernsehern verwenden. Durch die weite Verbreitung – immerhin gibt es weltweit mehr als 250 Millionen Skype-Nutzer – ist es recht wahrscheinlich, dass auch einige Ihrer Kontakte Skype benutzen.

Skype einrichten mit Testanruf

QR-Scanner+

Bei dieser App handelt es sich – wie der Name schon sagt – um einen QR-Code-Scanner. Ein QR-Code stellt eine Zeichenkette in grafisch verschlüsselter Form dar. Sie finden diese Codes auf Produktverpackungen, Prospekten, abgedruckt in Zeitungen usw.

Wenn Sie einen QR-Code mit dem iPhone oder iPad einlesen, werden Sie zu der im Code verschlüsselten Webseite weitergeleitet. Eine praktische Möglichkeit, komplizierte Internetadressen elegant zu verpacken.

Um einen QR-Code mit QR Code Scanner+ einzulesen, starten Sie zunächst die App. Das Display Ihres mobilen Gerätes zeigt das Kamerabild. Fokussieren Sie auf den QR-Code, den Sie einlesen möchten. Wenn die App den Code erkannt hat, ertönt ein kurzes Signal. Anschließend werden Sie direkt zur entsprechenden Webseite weitergeleitet.

Einen QR-Code scannen

Amazon Mobil

Mit dieser App haben Sie die gesamte Produktvielfalt von Amazon in der Hosentasche. Sie können über die App in den Produktkategorien von Amazon stöbern oder gezielt nach einem Produkt suchen. Tippen Sie zum Suchen in das Suchfeld und geben Sie den Namen des gesuchten Produkts ein.

Im Einzelhandel nicht wirklich gern gesehen, für Sie als Kunde aber trotzdem eine tolle Sache: der eingebaute Barcodescanner. Diese Funktion hilft dabei, den Preis für ein Produkt im Einzelhandel mit dem Preis bei Amazon zu vergleichen. Um die Scanfunktion aufzurufen, tippen Sie im Suchfeld rechts auf das Barcode-Symbol. Nachdem Sie den Barcode eingescannt haben, wird automatisch die entsprechende Produktseite mit dem derzeit bei Amazon aktuellen Preis angezeigt.

Die Startseite der Amazon-App

eBay Mobile

Nie mehr eine Auktion verpassen! Nehmen Sie eBay einfach mit. Die eBay-App bildet alle wichtigen Funktionen der Webseite auf Ihrem mobilen Gerät ab.

Suchen, kaufen oder bieten Sie für Artikel aus aller Welt, geben Sie Feedback für Ihre Transaktionen und bewerten Sie Käufer oder Verkäufer. Lesen Sie auch unterwegs Ihre eBay-Nachrichten und beantworten Sie diese bei Bedarf.

Auch die eBay-App beinhaltet eine Scanfunktion und vereinfacht so den Preisvergleich mit Produkten im Einzelhandel. Um die Scanfunktion aufzurufen, tippen Sie auf das entsprechende Symbol neben dem Suchfeld. Richten Sie beim Scannen den Barcode im vorgegebenen Rahmen des Displays aus. Nach dem Scanvorgang wird eine Liste mit zum gescannten Produkt passenden Artikeln angezeigt.

Die Startseite der eBay-App

Shazam

Kennen Sie das? Sie sind unterwegs und hören im Auto oder in einem Geschäft einen Musiktitel, der Ihnen gefällt, dessen Name Ihnen aber partout nicht einfallen will? *Shazam* hilft weiter!

Mithilfe dieser App nehmen Sie ein kleines Stück der laufenden Musik auf und Shazam gleicht diese Aufnahme mit einer Datenbank ab, um herauszufinden, um welchen Titel es sich handelt. Es ist wirklich erstaunlich, wie gut das funktioniert! Und weil das so gut klappt, wird diese Technik auch z. B. bei Werbespots angewandt. Verwenden Sie Shazam, während ein entsprechend gekennzeichneter Spot läuft, um anschließend passende Produktinfos angezeigt zu bekommen.

Das Aufnehmen des Musikschnipsels wird innerhalb von Shazam "taggen" genannt. Tippen Sie auf das Icon innerhalb der App und warten Sie die Erkennung ab. Um herauszufinden, um welches Musikstück es sich handelt, benötigt die App eine Internetverbindung. Aber selbst wenn Sie einen Titel taggen, während Sie keine Verbindung zum Internet haben, ist das kein Problem. Die Daten bleiben auf Ihrem Gerät gespeichert, bis Sie das nächste Mal über eine Internetverbindung verfügen und die Datenübertragung stattgefunden hat.

Die Ergebnisse des taggens, also Ihre Tags, werden innerhalb der App gesammelt und aufgelistet. So ist es möglich, identifizierte Musik, TV-Shows und Produkte auch im Nachhinein anzuschauen. Natürlich lassen sich Songs und zugehörige Artikel auch direkt über die App kaufen.

Ein Musikstück "taggen" und das entsprechende Ergebnis

"Tagesschau", "ZDFheute", "N24 News" und "n-tv Nachrichten"

Auch die großen deutschen Nachrichtensendungen gehen mit der Zeit und stellen jeweils eine App bereit. Die Apps von Tagesschau und ZDFheute sowie N24 News und n-tv Nachrichten sind vom Funktionsumfang her jeweils vergleichbar. Sowohl Tagesschau als auch ZDFheute bieten jedoch als einzige einen Livestream der aktuellen Sendungen.

Alle Apps bieten Nachrichten über aktuelle Ereignisse des Tages sowie Themenschwerpunkte zu verschiedenen Inhalten. Dabei werden die Nachrichten nicht nur durch Text transportiert, sondern auch Bilder und Videos spielen bei allen Apps eine wichtige Rolle.

Die Apps von Tagesschau, ZDFheute und N24 News

iLiga – Die Fußball App

Sie sind Fußballfan und wollen auf dem Laufenden bleiben? *iLiga – Die Fußball App* hilft Ihnen dabei. Die App liefert Informationen zu allen wichtigen Fußballligen – und das weltweit! Bundesliga, 2. Bundesliga, DFB-Pokal, Premier League, Champions League, WM-Qualifikation – alles wird berücksichtigt! In der App finden Sie Live-Ticker und redaktionelle Live-Kommentare zu den wichtigsten Ligen der Welt, alle Spielpläne und Live-Ergebnisse, topaktuelle Nachrichten, Videos und Tabellen mit Spielerinfos.